普通高等学校"十三五"省级规划教材

电子信息类专业实验教程

通信与信息处理分册

(第2版)

总 主 编　陈得宝
主　　编　李素文
副 主 编　赵　鑫　朱　芳
编　　委　邵　芬　李素文　赵　鑫
　　　　　姜恩华　邹　峰　赵庆平
　　　　　朱　芳

中国科学技术大学出版社

内 容 简 介

本书是针对电子信息类专业通信与信息处理方面课程编写而成的,包含了通信原理、信号与系统、数字信号处理、程控交换、移动通信原理、光通信技术等专业基础课程实验,适合高等院校通信与信息处理学科学生作为实验课程教材使用。

图书在版编目(CIP)数据

电子信息类专业实验教程.通信与信息处理分册/李素文主编.—2版.—合肥:中国科学技术大学出版社,2018.12(2020.8重印)
ISBN 978-7-312-04384-0

Ⅰ.电… Ⅱ.李… Ⅲ.①电子信息—实验—高等学校—教材 ②通信原理—实验—高等学校—教材 ③信息处理—实验—高等学校—教材 Ⅳ.① G203-33 ② TN911-33 ③ TP391-33

中国版本图书馆 CIP 数据核字(2018)第 017726 号

出版	中国科学技术大学出版社 安徽省合肥市金寨路 96 号,230026 http://press.ustc.edu.cn https://zgkxjsdxcbs.tmall.com
印刷	安徽省瑞隆印务有限公司
发行	中国科学技术大学出版社
经销	全国新华书店
开本	710 mm×1000 mm 1/16
印张	16.75
字数	333 千
版次	2014 年 8 月第 1 版 2018 年 12 月第 2 版
印次	2020 年 8 月第 3 次印刷
定价	40.00 元

前　　言

实验是教学中的一个重要环节,其作用是帮助学生巩固和加深课堂教学内容,提高实际操作技能,培养科学作风,为学习后续课程和从事实践技术工作奠定基础。为满足高等院校培养应用型人才和教学改革不断深入的需要,我们在多年教学实践和教学改革的基础上,编写了这本电子信息类专业的实验指导书。

本书获批为安徽省规划教材,是工科电子信息类专业"电子信息类通信与信息处理"系列课程的实验指导书。实验教材的内容涉及通信原理、信号与系统、数字信号处理、程控交换、移动通信原理及光通信技术,共选编实验项目38个。所有实验项目均配有相应的软件仿真,利于学生预习实验,以更好地掌握相关知识。

本书编写力求理论联系实际,使学生能受到"通信与信息处理"课程的基本技能训练,以培养分析问题和解决问题的能力。

本书由淮北师范大学物理与电子信息学院电子信息系组织编写,参编人员及分工如下:第一章由邵芬、李素文编写,第二章由赵鑫编写,第三章由姜恩华编写,第四章由邹峰编写,第五章由赵庆平编写,第六章由朱芳编写,全书由李素文统稿并担任主编。

限于时间和编写水平,书中难免存在不妥之处,恳请同行专家、读者批评指正。

编　者

2018 年 12 月

目　　录

前言 ··· (i)

第一章　通信原理实验 ·· (1)
　实验一　数字基带信号与 AMI/ HDB3 编译码 ································· (3)
　实验二　数字调制 ··· (11)
　实验三　数字解调与眼图 ··· (19)
　实验四　载波同步与位同步 ·· (26)
　实验五　帧同步 ·· (34)
　实验六　PCM 编译码 ·· (40)
　实验七　时分复用数字基带通信系统 ··· (48)
　实验八　时分复用 2DPSK 和 2FSK 通信系统 ··································· (54)

第二章　信号与系统实验 ·· (56)
　实验一　二阶网络函数的模拟 ·· (56)
　实验二　电信号的分解与合成 ·· (61)
　实验三　利用频谱分析仪分析频谱 ·· (63)
　实验四　抽样定理 ··· (66)
　实验五　无源和有源滤波器 ·· (71)
　实验六　二阶网络状态轨迹的显示 ·· (76)

第三章　数字信号处理实验 ··· (82)
　实验一　数字信号处理系统结构和编程 ··· (83)
　实验二　序列卷积计算 ·· (87)
　实验三　模/数采样 ··· (93)
　实验四　用 FFT 计算序列频谱 ··· (97)
　实验五　IIR 滤波器设计 ··· (104)
　实验六　FIR 滤波器设计 ·· (115)

第四章 程控交换实验 (128)
实验一 用户线接口模块 (129)
实验二 程控交换 PCM 编译码 (134)
实验三 DTMF 译码 (137)
实验四 主叫识别 (143)
实验五 信号音的产生 (148)
实验六 PC 话务监视 (151)

第五章 移动通信原理实验 (158)
实验一 QPSK 调制及解调 (179)
实验二 MSK 调制及解调 (182)
实验三 直接序列扩频 (185)
实验四 直接序列解扩 (188)
实验五 GSM 通信系统 (194)
实验六 CDMA 扩频通信系统 (197)

第六章 光通信技术实验 (202)
实验一 半导体激光器 P-I 特性测试 (204)
实验二 数字光纤通信系统线路码型 CMI 编译码 (207)
实验三 光发射机性能测试 (211)
实验四 系统眼图 (214)
实验五 光纤通信波分复用系统 (219)
实验六 电话数字光纤传输系统 (222)

参考文献 (229)

附录 A 第三章程序说明 (230)

附录 B Extern void initial(void)源程序 (254)

附录 C Extern void READAD7822(void)源程序 (261)

附录 D 常用图像处理函数术语 (262)

第一章 通信原理实验

一、实验课程简介

"通信原理"课程是一门理论性与实践性都很强的专业基础课。加强理论课程,加深学生对本课程中的基本理论知识及基本概念的理解,提高学生理论联系实际的能力,培养学生的实践动手能力和分析解决通信工程中实际问题的能力是"通信原理"教学的根本任务和目标。而通信原理实验就是一种重要的教学手段和途径。本实验系统将通信原理的基础知识灵活地运用在实验教学环节中,可独立、综合实施多项实验或示教。本实验系统力求原理清楚、重点突出、内容丰富。其电路设计构思新颖、技术先进、波形测量点选择准确,具有一定的代表性。同时,本书注重理论分析与实践相结合,以理论指导实践,以实践验证基本原理,旨在提高学生分析问题、解决问题及动手能力,并使学生通过有目地选择完成实验项目及二次开发,进一步巩固理论基本知识,建立完整的通信系统概念。该实验课程培养学生运用信息传输的基本理论分析和解决通信系统实际问题的能力,为学习后续专业课程奠定必要的基础。

二、TX-6B 型通信原理教学实验系统

TX-6B 型通信原理教学实验系统由十二个模块构成,即数字信源模块、AMI/HDB3 编译码模块、数字调制模块、载波同步模块、2DPSK 解调器模块、2FSK 解调器模块、位同步模块、帧同步模块、数字终端模块、PCM 编译码模块、两人通话模块和设计实验模块。图 1.1 为其印制电路板布局图。

利用 TX-6B 型实验设备,可开设数字基带信号、数字调制、模拟锁相环与载波同步、数字解调与眼图、数字锁相环与位同步、帧同步、时分复用数字基带通信系统、时分复用 2DPSK/2FSK 通信系统、PCM 编译码、时分复用通话与抽样定理等十个验证性实验或设计性实验。通过这些实验,可使学生获得对数字通信时分复用技术及传输技术的感性认识,巩固课堂上所学的理论知识。

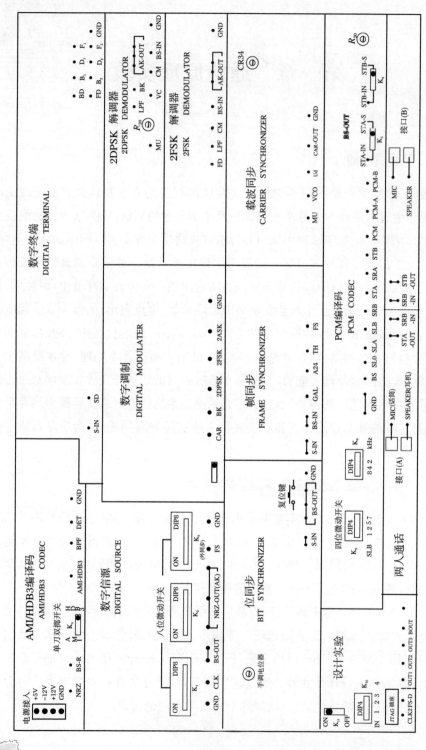

图1.1 TX-6B通信原理教学实验系统布局示意图

三、SystemView 简介

SystemView 是美国 ELANIX 公司推出的、基于 Windows 环境的、用于系统仿真分析的可视化软件工具,界面友好,使用方便。SystemView 是一个信号级的系统仿真软件,主要用于电路与通信系统的设计和仿真,是一个强有力的动态系统分析工具,能满足从数字信号处理、滤波器直到复杂的通信系统等不同层次的设计和仿真要求。它可以构造各种复杂的模拟、数字、数模混合及多速率系统,可用于各种线性、非线性控制系统的设计和仿真。

SystemView 可进行包括数字信号处理(DSP)系统、模拟与数字通信系统、信号处理系统和控制系统的仿真分析,并配置了大量图符块(Token)库,据此用户很容易构造出所需要的仿真系统:用户只要调出有关图符块并设置好参数,完成图符块间的连线后运行仿真操作,最终就能以时域波形、眼图、功率谱、星座图和各类曲线形式给出系统的仿真分析结果。SystemView 的库资源十分丰富,主要包括:含若干图符库的主库(Main Library)、通信库(Communications Library)、信号处理库(DSP Library)、逻辑库(Logic Library)、射频/模拟库(RF Analog Library)和用户代码库(User Code Library)。

实验一 数字基带信号与 AMI/HDB3 编译码

一、实验目的

① 掌握单极性码、双极性码、归零码、非归零码等基带信号的波形特点。
② 掌握 AMI,HDB3 码的编码规则。
③ 了解从 HDB3 码信号中提取位同步信号的方法。
④ 了解集中插入帧同步码同步时分复用信号的帧结构特点。

二、实验设备

通信原理实验箱 TX-6B,示波器。

三、实验原理

本实验使用数字信源模块和 AMI/HDB3 编译码模块。

1. 数字信源模块

本模块是整个实验系统的发终端,模块内部使用+5 V 电压,其原理方框图如图 1.2

所示,电原理图如图 1.3 所示。本模块产生 NRZ 信号,信号速率约为 170.5 Kbit/s,帧结构如图 1.4 所示。信号的帧长为二十四位,其中首位无定义,第二位到第八位是帧同步码(七位巴克码 1110010),另外十六位为二路数据信号,每路八位。此 NRZ 信号为集中插入帧同步码同步时分复用信号。实验设备上,数据码用红色发光二极管指示,帧同步码及无定义位用绿色发光二极管指示。发光二极管亮状态指示"1"码,熄状态指示"0"码。

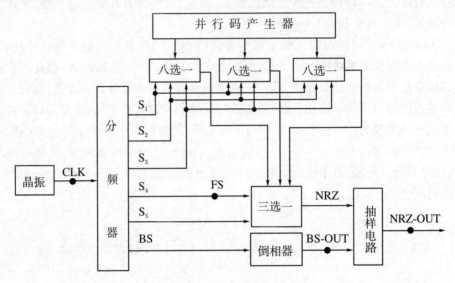

图 1.2　数字信源方框图

本模块有以下信号测试点及输出点:
➤ CLK:晶振信号测试点。
➤ BS-OUT:信源位定时信号测试点/输出点。
➤ FS:信源帧定时信号测试点。
➤ NRZ-OUT(AK):NRZ 信号(绝对码 AK)测试点/输出点。

图 1.2 中各单元与图 1.3 所示电路图上元器件对应关系如下:
➤ 晶振——CRY:晶体;U_1:反相器 74LS04。
➤ 并行码产生器 K_1,K_2,K_3——八位手动开关,从左到右依次与帧同步码、数据 1、数据 2 相对应;发光二极管:左起分别与一帧中的二十四位代码相对应。
➤ 八选一——U_5,U_6,U_7:八位数据选择器 4512。

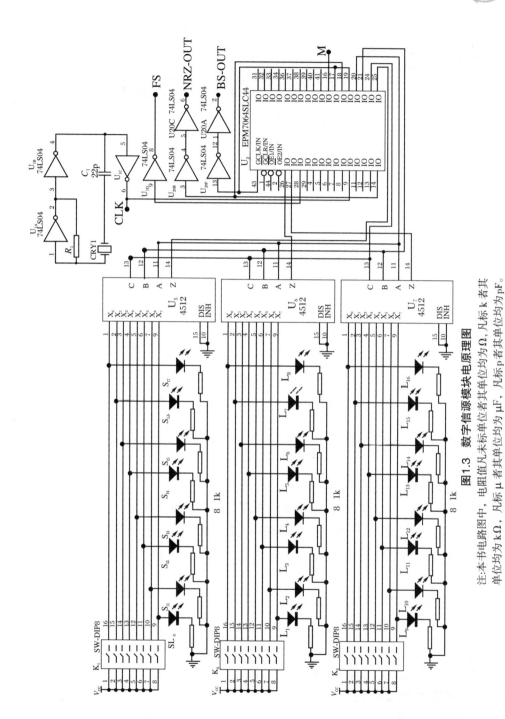

图1.3 数字信源模块电原理图

注:本书电路图中,电阻值凡未标单位者其单位均为Ω,凡标k者其单位均为kΩ,凡标μ者其单位均为μF,凡标p者其单位均为pF。

图1.4 信源输出信号帧结构

FS信号、NRZ-OUT波形之间的相位关系如图1.5所示,图中NRZ-OUT的无定义位为0,帧同步码为1110010,数据1为11110000,数据2为00001111。FS信号的低电平和高电平持续时间分别为十六个和八个数字信号码元周期,其上升沿与第一组信息码中第八位的起始时间对齐。

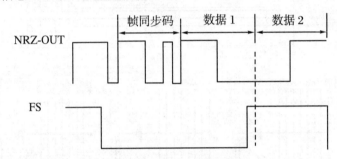

图1.5 FS,NRZ-OUT波形之间的相位关系

FS信号可用作示波器的外同步触发信号,以便观察实验一到实验八中的有关信号。

2. AMI/HDB3 编译码模块

电路原理图如图1.6所示,本模块的原理方框图如图1.7所示,图中NRZ-IN接信源模块的输出信号NRZ-OUT,BS-IN接信源模块的输出位定时信号BS-OUT,它们已在印制电路板上连通。模块内部使用+5 V和-5 V电压。本模块有以下信号测试点:

➤ NRZ:译码器输出的信号测试点。

➤ BS-R:锁相环输出的位同步信号测试点。

➤ AMI-HDB3:编码器输出的信号测试点。

➤ BPF:带通滤波器输出的信号测试点。

➤ DET:整流器输出的信号测试点。

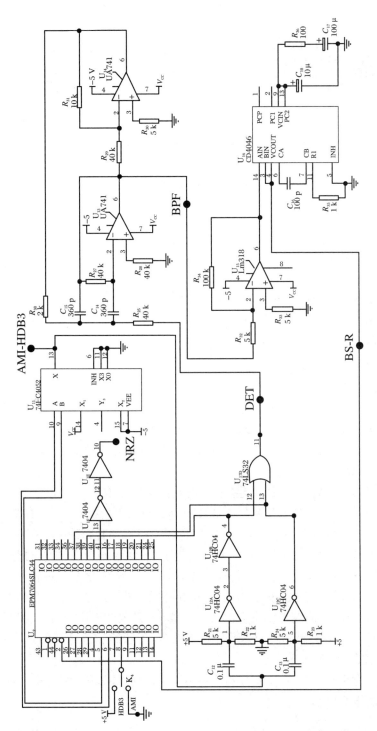

图1.6 AMI/HDB3 编译码模块电原理图

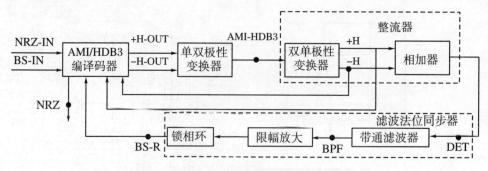

图 1.7　AMI/HDB3 编译码的原理方框图

本模块上的开关 K_4 用于选择编译码对应的码型，K_4 置于左边时选择 AMI 码，置于右边时选择 HDB3 码。本模块核心单元 AMI/HDB3 编译码器是和信源部分单元共用一片 CPLD 完成的。图 1.7 中其他单元与图 1.6 所示原理图上元器件的对应关系如下：

➤ 单双极性变换器——U_{11}：模拟开关 74HC4052。
➤ 双单极性变换器——U_{12}：非门 74HC04。
➤ 相加器——U_{17}：或门 74LS32。
➤ 带通滤波器——U_{13}，U_{14}：运放 UA741。
➤ 限幅放大器——U_{15}：运放 LM318。
➤ 锁相环——U_{16}：集成锁相环 CD4046。

下面简单介绍 AMI 码及 HDB3 码的编码规律。

AMI 码的编码规律是：将二进制信息码的"1"码交替编码为"+1"码和"-1"码，而"0"码编码后仍为"0"码。

HDB3 码的编码规律是：四个连"0"二进制信息码用取代节"000V"或"B00V"代替，当两个相邻"V"码中间有奇数个信息"1"码时取代节为"000V"，有偶数个信息"1"码(包括 0 个信息"1"码)时取代节为"B00V"；其他的信息码中"0"码后仍为"0"码，信息码的"1"码后变为"+1"码或"-1"码。HDB3 码中"1""B"的符号与其前一个非"0"码的符号相反，符合交替反转原则；而"V"码的符号与其前一个非"0"码的符号相同，破坏了符号交替反转原则；但相邻"V"码的符号是交替反转的。

AMI 码与 HDB3 码波形的占空比为 0.5，即"+1"码、"+B"码和"+V"码对应正脉冲，"-1"码、"-B"码和"-V"码对应负脉冲，正脉冲和负脉冲的宽度 τ 与码元周期 T_s 的关系是 $\tau = 0.5 T_s$。

设信息码为 1000 0110 0000 1000 0000 0010，则 NRZ 码、AMI 码、HDB3 码及其波形如图 1.8 所示。

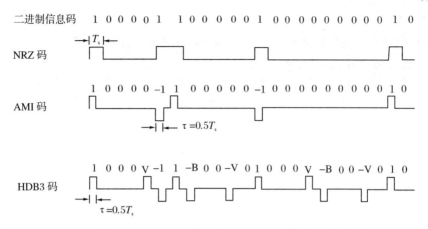

图 1.8　NRZ 码、AMI 码及 HDB3 码及其波形图

当信息代码连"0"个数太多时,从 AMI 码中较难以提取稳定的位同步信号,而 HDB3 中连"0"个数最多为三,这对提取高质量的位同步信号是有利的,这也是 HDB3 码优于 AMI 码之处。

四、实验内容及步骤

1. 仿真实验

根据 AMI/HDB3 编码规则,用 SystemView 创建如图 1.9 所示的 AMI/HDB3 仿真电路图,说明各个图符的设置参数,观察系统中各信号的波形,并对实验结果进行分析(注意对应相位关系)。

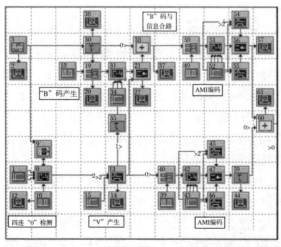

图 1.9　AMI/HDB3 编码的 SystemView 仿真电路图

2. 硬件实验

① 熟悉数字信源模块和 AMI/HDB3 编译码模块的工作原理,接好电源线,打开实验设备电源开关。

② 用示波器观察数字信源模块上的各种信号波形。将示波器置于外同步触发状态,用信源模块的 FS 信号作为示波器的外同步触发信号。示波器探头的地线接在信源模块的 GND 处,进行以下观察:

A. 示波器的两个通道探头分别接信源模块的测试点 NRZ-OUT 和 BS-OUT,对照发光二极管的发光状态,判断数字信源模块是否已正常工作("1"码对应发光管亮,"0"码对应发光管灭)。

B. 用开关 K_1 产生代码×1110010(×为任意代码,1110010 为七位帧同步码),K_2,K_3 产生任意信息代码,观察 NRZ 码的特点(只有正脉冲且为"1"码的脉冲宽度等于位时钟周期)以及集中插入帧同步码同步时分复用信号帧结构的特点(帧同步码被集中插入每一帧的固定位置,各路数据占有各自固定的时隙)。

③ 用示波器观察 AMI/HDB3 编译码模块的各种波形。

A. 示波器的两个探头 CH_1 和 CH_2 分别接信源模块的测试点 NRZ-OUT 和 AMI/HDB3 模块的测试点 AMI-HDB3,将信源模块的 K_1,K_2,K_3 每一位都置 1,观察全"1"码对应的 AMI 码(开关 K_4 置于左方 AMI 端)波形和 HDB3 码(开关 K_4 置于右方 HDB3 端)波形。再将 K_1,K_2,K_3 全置为 0,观察全"0"码对应的 AMI 码和 HDB3 码波形。观察时应注意:AMI 码和 HDB3 码波形的占空比为 0.5;编码输出信号 AMI-HDB3 比输入信号 NRZ-OUT 滞后了约四个码元。

B. 将 K_1,K_2,K_3 置于 0111 0010 0000 1100 0010 0000 状态,观察并记录对应的 AMI 码和 HDB3 码。

C. 保持 K_1,K_2,K_3 状态不变,CH_1 接信源模块的 NRZ-OUT 端,K_4 置于右方 HDB3 端,从 CH_2 依次观察 AMI/HDB3 模块的 DET,BPF,BS-R 和 NRZ 这些信号波形。理解用滤波法从 HDB3 码中提取位同步信号的原理。观察时应注意:

a. AMI/HDB3 模块的 NRZ 信号(译码输出)滞后于信源模块的 NRZ-OUT 信号(编码输入)约八个码元。

b. DET 是占空比等于 0.5 的单极性归零信号。BPF 信号是一个幅值和周期都略有变化的准正弦信号。

c. 从 HDB3 码中提取的位同步信号 BS-R 是一个周期恒定(等于一个码元周期)的晶体管-晶体管逻辑(TTL)电平信号,与其时钟 BS-OUT 的相位关系固定。

D. 将 K_1,K_2,K_3 置于 0100 0000 0000 0000 0000 0000 状态,CH_1 接信源模块的 BS-OUT。将 K_4 先置于左方 AMI 端,从 CH_2 依次观察 AMI/HDB3 模块的 BS-R 和 NRZ 信号;再将 K_4 置于右方 HDB3 端,从 CH_2 再次观察 BS-R 和 NRZ

信号。观察时应注意:由于此时信源代码连"0"个数太多,从 AMI 码中提取的位同步信号 BS-R 的相位相对于其时钟 BS-OUT 的相位是不固定的,观察中有两种可能现象:BS-R 的周期相对于 BS-OUT 有细微的改变或 BS-R 相对于 BS-OUT 做快速抖动。因此不能完成正确的 AMI 译码,而 HDB3 码则不存在这种问题。

五、实验报告

① 根据实验结果,画出 AMI/HDB3 编译码模块各测量点的波形图,注意对应相位关系。

② 根据实验结果,观察单极性码、双极性码、归零码、非归零码等基带信号波形特点。

六、预习要求

① 预习教材中有关数字基带信号和 AMI/HDB3 章节的内容。总结 AMI/HDB3 的编码规则。

② 设信源代码为全"1"码、全"0"码及 0111 0010 0000 1100 0010 0000,根据 AMI/HDB3 编码规则,给出对应的 AMI 码及 HDB3 码的代码和波形。

七、思考题

① 根据实验观察和记录回答:

A. 非归零码和归零码的特点各是什么?

B. 与信源代码中的"1"码相对应的 AMI 码及 HDB3 码是否一定相同?为什么?

② 如何从 HDB3 码中恢复信源代码?

实验二 数 字 调 制

一、实验目的

① 掌握绝对码(AK)、相对码(BK)的概念以及它们之间的关系。

② 掌握用键控法产生 2ASK,2FSK,2DPSK 信号的方法。

③ 掌握 BK 与 2PSK 信号波形之间的关系、AK 与 2DPSK 信号波形之间的关系。

④ 了解 2ASK,2FSK,2DPSK 信号频谱与数字基带信号频谱之间的关系。

二、实验设备

通信原理实验箱 TX-6B,示波器。

三、实验原理

数字调制分为二进制调制和多进制调制,二进制调制是多进制调制的基础。在 HUST-TX 系列实验设备中只包含二进制数字调制。本实验使用的是数字信源模块和数字调制模块。信源模块向调制模块提供数字基带信号和位定时信号。调制模块将输入的绝对码(NRZ 码)变为相对码,用键控法产生 2ASK,2FSK,2DPSK 信号。调制模块内部使用+5 V 电源。

数字调制模块的原理方框图如图 1.10 所示,电原理图如图 1.11 所示。图 1.10 中 CLK-IN 接信源模块晶振的输出信号 CLK,NRZ-IN(AK)接信源模块的输出信号 NRZ-OUT(AK),BS-IN 接信源模块的输出位定时信号 BS-OUT,它们已在印制电路板上连通。

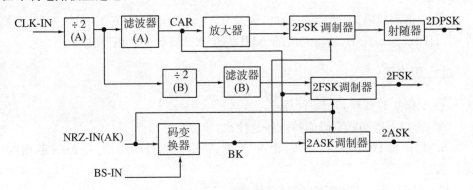

图 1.10 数字调制模块的原理方框图

数字调制模块上有以下信号测试点:

➤ CAR:2DPSK 和 2ASK 的载波信号测试点。

➤ BK:相对码测试点。

➤ 2DPSK:测试点 $V_{P-P}>0.5$ V。

➤ 2FSK:测试点 $V_{P-P}>0.5$ V。

➤ 2ASK:测试点 $V_{P-P}>0.5$ V。

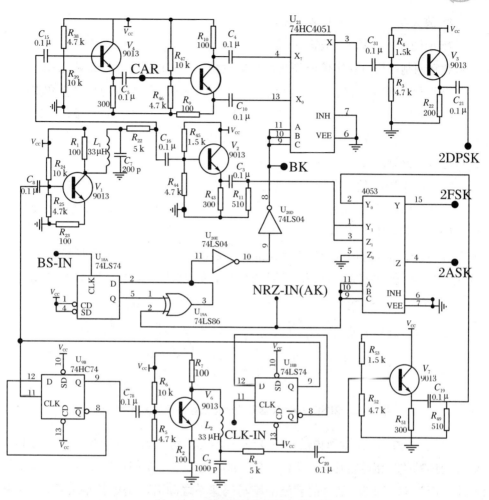

图 1.11 数字调制模块的电原理图

图 1.10 中各单元与图 1.11 中元器件的对应关系如下：

➢ ÷2(A)——U_{18B}：双 D 触发器 74LS74。

➢ ÷2(B)——U_{9B}：双 D 触发器 74HC74。

➢ 滤波器(A)——V_1：三极管 9013，电感 L_1，电容 C_7。

➢ 滤波器(B)——V_6：三极管 9013，电感 L_2，电容 C_2。

➢ 码变换器——U_{18A}：双 D 触发器 74LS74；U_{19A}：异或门 74LS86。

➢ 2ASK 调制器——U_{22}：三路二选一模拟开关 74HC4053。

➢ 2FSK 调制器——U_{22}：三路二选一模拟开关 74HC4053。

➢ 2PSK 调制器——U_{21}：八选一模拟开关 74HC4051。

➤ 放大器——V_5：三极管 9013。
➤ 射随器——V_3：三极管 9013。

数字调制模块将数字信源模块晶振的输出信号 CLK 进行二分频、滤波后,得到 2ASK 和 2DPSK 的载波信号,频率为 2.2165 MHz。放大器的发射极和集电极输出两个频率相等、相位相反的信号,这两个信号分别被 BK 的"0"码和"1"码选通。2FSK 信号有两个载波信号：一个是 2ASK 信号的载波,另一个是由将 CLK 信号进行四分频滤波得到的。

2PSK,2DPSK 信号波形与信息代码的关系如图 1.12 所示。图中假设码元宽度等于载波周期的 1.5 倍。2PSK 信号的相位与信息代码的关系是：前后码元相异时,2PSK 信号相位变化 180°；相同时,2PSK 信号相位不变,可简称为"异变同不变"。2DPSK 信号的相位与信息代码的关系是：码元为"1"时,2DPSK 信号的相位变化 180°；码元为"0"时,2DPSK 信号的相位不变,可简称为"'1'变'0'不变"。

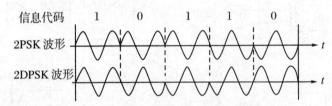

图 1.12　2PSK,2DPSK 信号波形与信息代码的关系示意图

应该说明的是,此处所说的相位变或不变,是指将本码元内信号的初相与上一码元内信号的末相进行比较,而不是将相邻码元信号的初相进行比较。在实际工程中,2PSK 和 2DPSK 信号的载波频率与码速率之间可能是整数倍关系,也可能是非整数倍关系。但不管是哪种关系,上述结论总是成立的。

本数字调制模块用码变换 2PSK 调制方法产生 2DPSK 信号,原理方框图及波形图如图 1.13 所示。相对于绝对码,2PSK 调制器的输出就是 2DPSK 信号；相对于相对码,2PSK 调制器的输出是 2PSK 信号。图中设码元宽度等于载波周期,已调信号的相位与 AK 的关系是"'1'变'0'不变",与 BK 的关系是"异变同不变",由 AK 到 BK 的变换也符合"'1'变'0'不变"规律。

图 1.13 中已调制信号波形也可能具有相反的相位,BK 也可能具有相反的序列(即 00100),这取决于载波的参考相位以及异或门电路的初始状态。

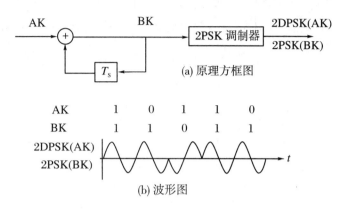

图 1.13 2DPSK 调制器原理方框图及波形图

2PSK 信号的时域表达式为

$$S(t) = m(t)\cos \omega_c t \tag{1.1}$$

式中，$m(t)$ 为双极性非归零码(BNRZ)，当 0,1,$m(t)$ 中无直流分量，$S(t)$ 中无载频分量时，2DPSK 信号的时域表达式与 2PSK 相同，只是式中的 $m(t)$ 为相对码对应的基带信号。

2ASK 信号的时域表达式与 2PSK 相同，但 $m(t)$ 为单极性非归零码(NRZ)，而 NRZ 中有直流分量，故 2ASK 信号中有载频分量。

可将相位不连续的 2FSK 信号看成是用 AK 和 $\overline{AK}$ 解调不同载频信号形成的两个 2ASK 信号的叠加，时域表达式为

$$S(t) = m(t)\cos \omega_{c_1} t + \overline{m(t)}\cos \omega_{c_2} t \tag{1.2}$$

式中，$m(t)$ 为 NRZ 码。

设码元宽度为 T_s，$f_s = 1/T_s$ 在数值上等于码速率，2ASK，2PSK(2DPSK)，2FSK 的功率谱如图 1.14 所示。可见，2ASK，2PSK(2DPSK) 的功率谱是数字基带信号 $m(t)$ 功率谱的线性搬移，故常称 2ASK，2PSK(2DPSK) 为线性已调信号。而 2FSK 的功率谱与 $m(t)$ 的功率谱之间不是线性关系，称为非线性已调信号。在多进制数字已调信号中，MASK，MPSK，MDPSK 及 MQAM 信号是线性已调信号，MFSK 信号是非线性已调信号。

应特别说明的是，在现代通信中，常将矩形数字基带信号经低通滤波器处理后与载波信号相乘，从而构成二进制或多进制线性已调信号。低通滤波器的频率特性为余弦滚降特性或其开平方。为了方便用示波器观察已调信号波形，HUST-

TX系列实验设备仍采用矩形信号作为调制器的基带信号。另外,在本实验系统中$m(t)$是一个周期信号,故$m(t)$有离散谱,因而2ASK,2PSK(2DPSK),2FSK也具有离散谱。

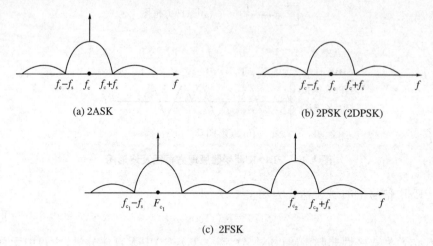

图1.14　2ASK,2PSK(2DPSK),2FSK信号的功率谱

四、实验内容

1. 仿真实验

① 根据2ASK调制原理,用SystemView创建如图1.15所示的仿真电路图,说明各个图符的设置参数,观察系统中各信号的波形,并对实验结果进行分析。

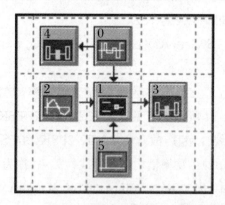

图1.15　2ASK调制的SystemView仿真电路图

② 根据2FSK调制原理,用SystemView创建如图1.16所示的仿真电路图,说明各个图符的设置参数,观察系统中各信号的波形。比较调频法和键控法产生

的 2FSK 信号波形有何区别,并对实验结果进行分析。

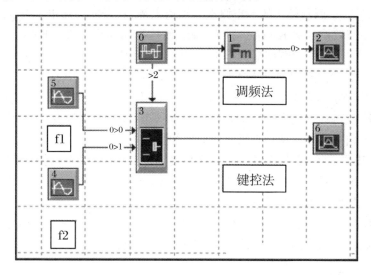

图 1.16　2FSK 调制的 SystemView 仿真电路图

③ 根据 2PSK 和 2DPSK 调制原理,用 SystemView 创建如图 1.17 所示的仿真电路图,说明各个图符的设置参数,观察系统中各信号的波形,并对实验结果进行分析。

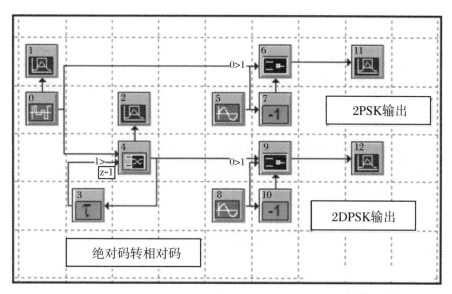

图 1.17　2PSK 和 2DPSK 调制的 SystemView 仿真电路图

2. 硬件实验

① 熟悉数字调制模块的工作原理。接通电源,打开实验箱电源开关。将数字调制模块单刀双掷开关 K_7 置于左方 N 端,使信源输出周期性 NRZ 信号(而非 M 序列信号),并将其作为调制器的基带信号。

② 将示波器置于外同步触发状态,用数字信源模块的 FS 信号作为示波器的外同步触发信号。示波器 CH_1 接信源模块的 NRZ-OUT(AK),CH_2 接数字调制模块的 BK,信源模块的 K_1、K_2、K_3 置于任意状态(非全 0),观察 AK,BK 波形,总结绝对码至相对码以及从相对码至绝对码的变换规律。

③ 示波器 CH_1 接 2DPSK,CH_2 分别接 AK 和 BK,观察并总结 2DPSK 信号相位变化与绝对码的关系以及 2DPSK 信号相位变化与相对码的关系(即 2PSK 信号相位变化与信源代码的关系)。

④ 示波器 CH_2 接 AK,CH_1 依次接 2FSK 和 2ASK,观察这两个信号与 AK 的关系("1"码与"0"码对应的 2FSK 信号的幅度可能略有不同)。

五、实验报告

① 根据实验结果,画出 2ASK,2FSK,2PSK,2DPSK 信号的波形图,注意 AK 与各已调信号之间的对应关系。

② 根据实验结果,分析 BK 与 2PSK 及 AK 与 2DPSK 信号波形之间的关系。

六、预习要求

① 设信息代码为 1001 1010,求相对码。假定载频为码元速率的 2 倍,画出 2DPSK 及 2PSK 信号波形。

② 了解 2ASK,2FSK,2DPSK 信号的频谱与数字基带信号频谱之间的关系。

七、思考题

① 总结绝对码至相对码及相对码至绝对码的变换规律。

② 总结 2DPSK 信号的相位变化与信息代码(即绝对码)之间的关系以及 2DPSK 信号的相位变化与相对码之间的关系。

实验三 数字解调与眼图

一、实验目的

① 掌握 2DPSK 相干解调原理。
② 掌握 2FSK 过零检测解调原理。

二、实验设备

通信原理实验箱 TX-6B,示波器。

三、实验原理

可用相干解调或差分相干解调法(相位比较法)解调 2DPSK 信号。在相位比较法中,要求载波频率为码速率的整数倍,当此关系不能满足时只能用相干解调法。在 HUST-TX 系列实验设备中,2DPSK 载波频率等于码速率的 13 倍,两种解调方法都可用。而在实际工程中相干解调法用得最多。2FSK 信号的解调方法有:包络检波法、相干解调法、鉴频法、过零检测法等。TX 系列实验设备采用相干解调法解调 2DPSK 信号,采用过零检测法解调 2FSK 信号。2DPSK 模块内部使用+5 V,+12 V 和-12 V 电压,2FSK 模块内部使用+5 V 电压。图 1.18 为两个解调器的原理方框图,其数字解调模块电路原理图如图 1.19 所示。

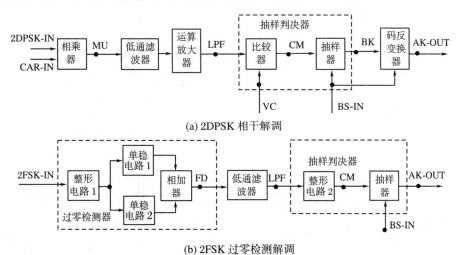

图 1.18 数字解调器的原理方框图

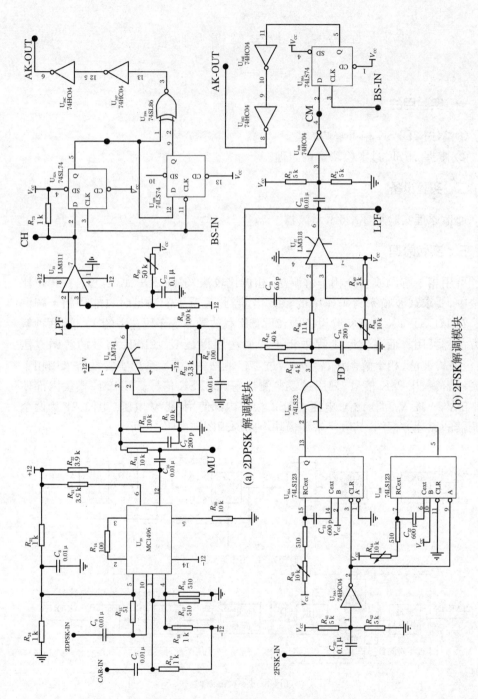

图1.19 数字解调模块的电原理图

图 1.18 中 2DPSK-IN 信号及 2FSK-IN 信号分别接数字调制模块输出的 2DPSK 信号及 2FSK 信号，CAR-IN 信号接载波同步模块输出的 CAR-OUT 信号，它们已在印制电路板上连通。

在实际应用的通信系统中，解调器的输入端都有一个带通滤波器，用来滤除带外的信道噪声，并确保系统的频率特性符合无码间串扰条件。为了简化实验设备，方便观察信号波形，在 TX 系列实验设备中，数字调制的输出端不设有带通滤波器，信道是理想的，解调器输入端也不设有带通滤波器。

2DPSK 解调模块上有以下信号测试点及输入、输出点：

➢ MU：相乘器输出信号测试点。
➢ LPF：低通、运放输出信号测试点。
➢ VC：比较器比较电压测试点。
➢ CM：比较器输出信号测试点/输出点。
➢ BK：解调输出相对码测试点。
➢ AK-OUT：解调输出绝对码测试点/输出点。
➢ BS-IN：位同步信号输入点。

2FSK 解调模块上有以下信号测试点及输入输出点：

➢ FD：2FSK 过零检测器输出信号测试点。
➢ LPF：低通滤波器输出信号测试点。
➢ CM：比较器输出信号测试点/输出点。
➢ BS-IN：位同步信号输入点。
➢ AK-OUT：解调输出信号的测试点/输出点。

图 1.18(a)中各单元与图 1.19 中元器件的对应关系如下：

➢ 相乘器——U_{29}：模拟乘法器 MC1496。
➢ 低通滤波器——R_{31}；C_2。
➢ 运算放大器——U_{30}：运算放大器 UA741。
➢ 比较器——U_{31}：比较器 LM311。
➢ 抽样器——U_{32A}：双 D 触发器 74SL74。
➢ 码反变换器——U_{32B}：双 D 触发器 74SL74；U_{33A}：异或门 74SL86。

图 1.18(b)中各单元与图 1.19 中元器件的对应关系如下：

➢ 整形电路 1——U_{34A}：反相器 74HC04。
➢ 单稳电路 1——U_{35A}：单稳态触发器 74LS123。
➢ 单稳电路 2——U_{35B}：单稳态触发器 74LS123。
➢ 相加器——U_{36}：或门 74LS32。
➢ 低通滤波器——U_{37}：运算放大器 LM318；若干电阻、电容。

> 整形电路——2U$_{34B}$：反相器 74HC04。
> 抽样器——U$_{38A}$：双 D 触发器 74LS74。

2DPSK 相干解调电路中的有关信号波形如图 1.20 所示，图中假设绝对码为 1101011。

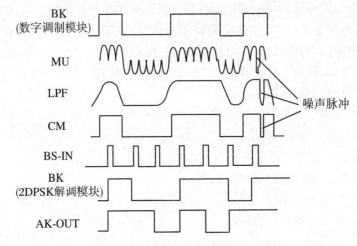

图 1.20 2DPSK 相干解调波形示意图

下面对一些具体问题加以说明。

信源是周期为 24 b 的周期信号，当 24 b 的相对码 BK 中"1"码和"0"码个数不相等时，相乘器 U$_{29}$ 的输出信号 MU 及低通滤波器输出信号 LPF 是正负不对称的信号。在实际的 2DPSK 通信系统中，抽样判决器输入信号是一个均值为 0 且正负对称的信号，因此最佳判决电平为 0。在 TX 系列实验设备中，判决电平 V_c 是可以调节的。当 $V_c=0$ 而相对码 BK 中"1"码和"0"码个数差别太大时，可能出现误判决，即解调器出现误码。因为此时 LPF 信号的正电平或负电平非常接近零电平，抽样脉冲（位同步信号）稍不理想就会造成误码。电位器 R_{39} 用来调节判决电平，当 BK 中"1"码与"0"码个数差别比较大而出现误码时，可调节 R_{39}，使 V_c 接近 LPF 信号的中值。实际通信系统中的 2DPSK 相干解调器（或差分相干解调器）针对的是随机信号，不需要调节判决电平。

比较器的输出信号 CM 为 TTL 电平信号，它不能作为相对码直接送给码反变器，因为它并不是一个标准的单极性非归零码，其单个"1"码对应的正脉冲的宽度和单个"0"码对应的零电平的宽度可能小于码元宽度，也可能大于码元宽度。另外，当 LPF 中有噪声时，CM 中还会出现噪声脉冲（由于在 TX 系列实验设备中信道是理想的,在接收机输入信号中无噪声,故实验时观察不到此脉冲噪声)。

2FSK 解调器工作原理及有关问题说明如下:

① 图 1.21 所示为 2FSK 过零检测解调器各点波形示意图,图中设"1"码载频等于码速率的两倍,"0"码载频等于码速率,信息代码为 101。

② 整形电路 1 和整形电路 2 的功能与比较器类似,在 74HC04 的输入端将均值为 0 的输入信号叠加在 2.5 V 上。74HC04 的状态转换电平约为 2.5 V,可将输入信号进行硬限幅处理。整形电路 1 将正弦 2FSK 信号变为 TTL 电平的 2FSK 信号(图 1.21)。整形电路 2 和抽样电路共同构成一个判决电平为 2.5 V 的抽样判决器。

③ 单稳电路 1、单稳电路 2 分别被设置为上升沿触发和下降沿触发,它们与相加器一起共同对 TTL 电平的 2FSK 信号进行微分、整流处理。电位器 R_{43} 和 R_{44} 决定上升沿脉冲宽度及下降沿脉冲宽度(它们应基本相等)。

④ 用 R_{48} 可以调节滤波器的频率特性及 LPF 信号幅度,LPF 不是 TTL 电平信号且不是标准的非归零码,必须进行抽样判决处理。

⑤ 低通滤波器是一个有源滤波器,具有低通滤波和倒相功能。

⑥ 整形电路 2 对输入信号进行硬限幅和倒相处理。

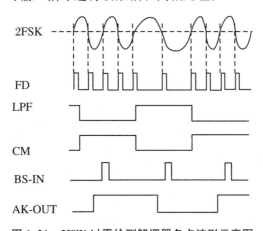

图 1.21 2FSK 过零检测解调器各点波形示意图

四、实验内容及步骤

1. 仿真实验

① 根据 2DPSK 调制解调原理,用 SystemView 创建如图 1.22 所示的仿真电

路图,说明各个图符的设置参数,观察系统中各信号的波形,并对实验结果进行分析。

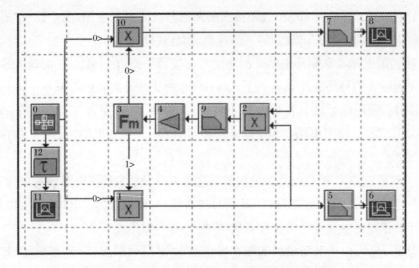

图 1.22　2DPSK 解调的 SystemView 仿真电路图

② 根据 2FSK 相干解调原理,用 SystemView 创建如图 1.23 所示的仿真电路图,说明各个图符的设置参数,观察系统中各信号的波形,并对实验结果进行分析。

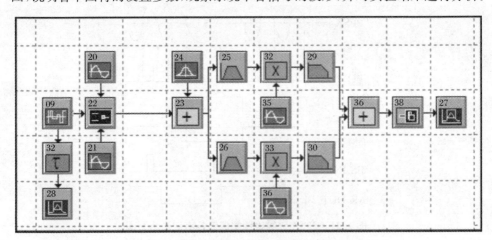

图 1.23　2DPSK 解调的 SystemView 仿真电路图

2. 硬件实验

本实验将用到数字信源模块、数字调制模块、载波同步模块、2DPSK 解调模块及 2FSK 解调模块,它们之间的信号连接方式如图 1.24 所示,其中实线是已在印制电路板上布好的,虚线是在实验过程中需由实验者自己连接的。在实际通信系统中,解调器需要的位同步信号来自位同步提取模块。本实验中位同步信号直接来自数字信源,在做 2DPSK 解调实验时,位同步信号送到 2DPSK 解调模块,做 2FSK 解调实验时则送到 2FSK 解调模块。

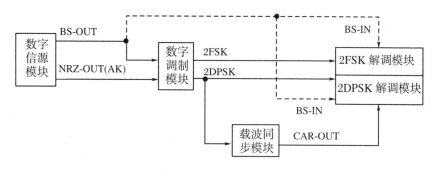

图 1.24　数字解调实验连接图

① 复习前面实验的内容并熟悉 2DPSK 解调模块及 2FSK 解调模块的工作原理,接通实验箱电源。将数字调制模块单刀双掷开关 K_7 置于左方 NRZ 端。

② 检查数字信源、数字调制及载波同步模块是否正常工作、载波同步模块的锁相环是否处于锁定状态。

③ 2DPSK 解调实验:

A. 将数字信源模块的 BS-OUT 用信号连线连接到 2DPSK 解调模块的 BS-IN 处。将示波器置于外同步触发状态,以信源模块的 FS 信号作为示波器外同步触发信号。将示波器的 CH_1 接数字调制模块的 BK,CH_2 接 2DPSK 解调模块的 MU。MU 与 BK 同相或反相,其波形应接近图 1.20 所示的理论波形。

B. 示波器的 CH_2 接 2DPSK 解调模块的 LPF,可看到 LPF 与 MU 同相。当一帧内 BK 中"1"码和"0"码个数相同时,LPF 的正负极性信号电平与零电平对称,否则不对称。

C. 观察数字调制模块的 BK 与 2DPSK 解调模块的 MU,LPF,BK 之间的关系,再观察数字信源模块中 AK 信号与 2DPSK 解调模块的 MU,LPF,BK,AK-OUT 信号之间的关系。

D. 断开、接通电源若干次,改变数字调制模块的 CAR 信号与载波同步模块的 CAR-OUT 信号的相位关系,重复进行观察。

E. 将数字调制模块的单刀双掷开关 K_7 置于右方 M 序列端,此时数字调制器输入的基带信号是 M 序列。用示波器观察 2DPSK 解调模块中的 LPF 信号即可看到无噪声时的眼图。

④ 2FSK 解调实验。将数字调制模块的单刀双掷开关 K_7 还原至左方 NRZ

端。将数字信源模块的 BS-OUT 用信号连线换接到 2FSK 解调模块的 BS-IN 处,示波器探头 CH_1 接数字信源模块中的 AK,CH_2 分别接 2FSK 解调模块中的 FD,LPF,CM 及 AK-OUT,观察 2FSK 过零检测解调器的解调过程(注意:低通滤波器及整形电路 2 都有倒相作用)。LPF 的波形应接近图 1.21 所示的理论波形。

五、实验报告

① 根据实验结果画出 2DPSK 相干解调器各点波形。
② 根据实验结果画出 2FSK 过零检测解调器各点波形。

六、预习要求

① 预习教材有关数字解调的内容,掌握 2DPSK 相干解调原理和 2FSK 过零检测解调原理。
② 分析比较 2DPSK 相干解调和非相干解调方法之间的区别。

七、思考题

① 设绝对码为 1001101,根据实验观察得到的规律,画出当相干载波频率等于码速率的 3 倍时,CAR-OUT 与 CAR 同相或反相的 2DPSK 相干解调器中 MU,LPF,BS,BK,AK 等信号的波形示意图。
② 设信息码为 1001101,2FSK 的两个载频分别为码速率的 2 倍和 1 倍,根据实验观察得到的规律,画出 2FSK 过零检测解调器输入的 2FSK 波形及 FD,LPF,BS,AK 等信号的波形(设低通滤波器及整形电路 2 都无倒相作用)。

实验四 载波同步与位同步

一、实验目的

① 掌握模拟锁相环和数字锁相环的工作原理。
② 掌握用平方环法从 2DPSK 信号中提取相干载波的原理及模拟锁相环的设计方法。
③ 掌握用数字环提取位同步信号的原理及对其输入的信息代码的要求。
④ 了解位同步器的同步建立时间、保持时间、位同步信号相位抖动等基本概念。

二、实验设备

通信原理实验箱 TX-6B,示波器。

三、实验原理

通信系统中常用平方环或同相正交环(科斯塔斯环)从 2DPSK 信号中提取相干载波。HUST-TX 系列实验设备用平方环提取相干载波,其载波同步模块原理方框图如图 1.25 所示,电原理图如图 1.26 所示,图中 2DPSK-IN 信号接数字调制模块输出的 2DPSK 信号,已在印制电路板上连通。本模块使用 +5 V, +12 V, −12 V 电压。

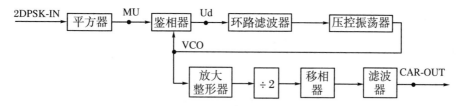

图 1.25 载波同步模块原理方框图

本模块上有以下信号测试点及输出点:
➢ MU:平方器输出信号测试点,$V_{P-P}>1$ V。
➢ VCO:VCO 输出信号测试点,$V_{P-P}>0.2$ V。
➢ Ud:鉴相器输出信号测试点,变化范围不小于 4 V。
➢ CAR-OUT:相干载波信号测试点/输出点,$V_{P-P}>0.4$ V。

图 1.25 中各单元与图 1.26 中主要元器件的对应关系如下:
➢ 平方器——U_{25}:模拟乘法器 MC1496。
➢ 鉴相器——U_{23}:模拟乘法器 MC1496;U_{24}:运放 UA741。
➢ 环路滤波器——电阻 R_{25}, R_{68};电容 C_{11}。
➢ 压控振荡器——CRY2:晶体;VD1:压控变容二极管 1043;电容器 C_{16};手调变容电路 1043、电位器 CR34;N_3, N_4:三极管 9013。
➢ 放大整形器——N_5, N_6:三极管 9013;U_{26}:非门 74HC04。
➢ ÷2——U_{27}:D 触发器 7474。
➢ 移相器——U_{28}:单稳态触发器 74LS123。
➢ 滤波器——电感 L_2;电容器 C_{30}。

下面介绍模拟锁相环原理及平方环载波同步原理。

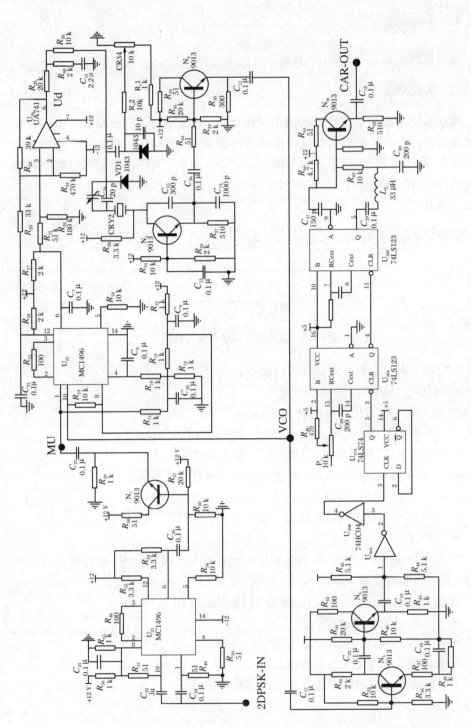

图1.26 载波同步模块的电原理图

锁相环由鉴相器(PD)、环路滤波器(LF)及压控振荡器(VCO)组成,如图1.27所示。在模拟锁相环中,PD是一个模拟乘法器,LF是一个有源或无源低通滤波器。锁相环路是一个相位负反馈系统,PD检测$u_i(t)$与$u_o(t)$之间的相位误差并进行运算,形成误差电压$u_d(t)$,LF用来滤除乘法器输出的高频分量(包括和频及其他的高频噪声)形成的控制电压$u_c(t)$,在$u_c(t)$的作用下,$u_o(t)$的相位向$u_i(t)$的相位靠近。

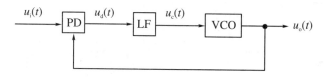

图1.27 锁相环方框图

用于提取位同步信号的数字环有超前/滞后型数字环和触发器型数字环。TX系列实验设备中的位同步器由控制器、触发器型数字锁相环及脉冲展宽器组成,数字锁相环包括鉴相器、量化器、数字环路滤波器、数控振荡器等单元。位同步模块的原理方框图如图1.28所示,电原理图如图1.29所示,其内部使用+5 V电压。

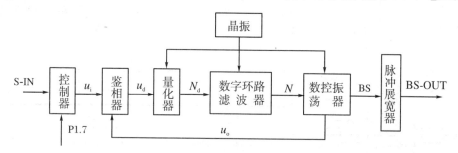

图1.28 位同步器的原理方框图

位同步模块上有以下信号测试点及输入输出点:
➢ S-IN:基带信号测试点/输入点。
➢ BS-OUT:位同步信号测试点/输出点。

图1.28中各单元与图1.29中的元器件的对应关系如下:
➢ 晶振——CRY3:晶体;U_{39}:74LS04。
➢ 控制器——U_{48B}:或门7432;U_{41}:计数器74LS190。
➢ 鉴相器——U_{40}:D触发器74LS74。
➢ 量化器——U_{45}:可编程定时器/计数器82C54。
➢ 数字环路滤波器——由单片机软件完成。
➢ 数控振荡——U_{46},U_{45}:可编程定时器/计数器82C54。

▶ 脉冲展宽器——U_{47A}：单稳态触发器 74LS123。

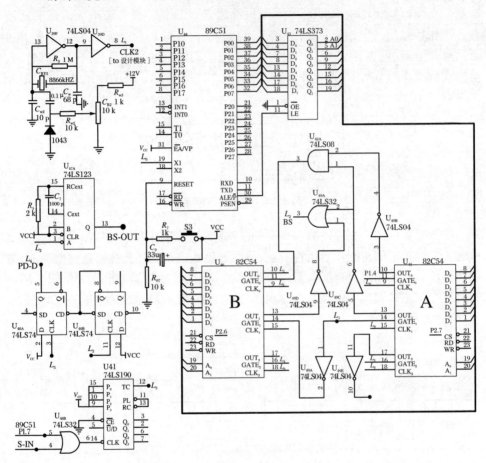

图 1.29 位同步模块的电原理图

下面介绍位同步器的工作原理。

数字锁相环是一个单片机系统，主要器件是单片机 89C51 及可编程计数器 8254。环路中使用了两片 8254，共六个计数器，分别表示为 8254_{A0}，8254_{A1}，8254_{A2}，8254_{B0}，8254_{B1}，8254_{B2}。它们分别工作在 M_0，M_1，M_2 三种模式下：M_0 为计数中断方式，M_1 为单稳方式，M_2 为分频方式。除地址线、数据线外，每个 8254 芯片还有时钟输入端 C、门控信号输入端 G 和输出端 O。

数字鉴相器电原理图及波形图如图 1.30(a)和(b)所示。量化器把相位误差变为多进制数字信号，它由工作在 M_0 方式、计数常数为 N_0 的 8254_{B2} 完成（N_0 为一个码元宽度的量化级数，此处 $N_0=52$）。数字环路滤波器由软件完成。可采用许多种软件算法，其中一种简单有效的算法是对一组 N_d 做平均处理。

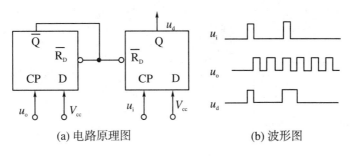

(a) 电路原理图　　　　　　(b) 波形图

图 1.30　数字鉴相器

当位同步器输入信号的速率与数控振荡器的固有频率完全相同时,环路锁定后位同步器的输入信号与锁相环的反馈信号(即位同步信号)的相位关系是固定不变的。位同步器的输入信号速率取决于发送端的时钟频率,数控振荡器固有频率取决于位同步器的时钟频率。由于时钟信号的频率稳定度是有限的,故这两个时钟信号的频率不可能完全相同,因此位同步器输入信号速率与数控振荡器固有频率不可能完全相等。数字环只有当输入信号的电平发生跳变时才可能对输入信号的相位和反馈信号的相位进行比较,从而调整反馈信号的相位。在两次相位调整的时间间隔内,反馈信号的相位相对于输入信号的相位是变化的,即数字环位同步器提取的位同步信号的相位是抖动的,即使输入信号无噪声也是如此。

显然,收发时钟频率稳定度越高,则位同步器输入信号的速率与数控振荡器的固有频率之差就越小,提取的位同步信号的相位抖动范围也越小。反之,对同步信号的相位抖动要求越严格,则收发时钟的频率稳定度也应越高。

另外,环路输入信号电平变化频率越低,位同步信号同步抖动越大。若环路输入信号是单极性非归零码,则连"1"或连"0"码越多,越不利于提取位同步信号。允许连"1"或连"0"码的个数取决于数字环的同步保持时间 t_c(t_c 的定义是:环路不受控后,同步误差能保持在允许范围内的最长时间)。

四、实验内容

1. 仿真实验

根据载波同步原理,用 SystemView 创建如图 1.31 所示的仿真电路图,说明各个图符的设置参数,观察系统中各信号的波形并对实验结果进行分析。

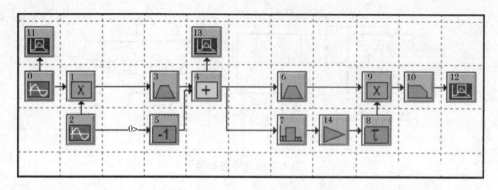

图 1.31　载波同步仿真电路图

2. 硬件实验

本实验使用数字信源模块、载波同步模块和位同步模块。

① 熟悉载波同步模块和位同步模块的工作原理。检查数字信源模块和数字调制模块是否正常工作(用示波器观察信源模块的 NRZ-OUT(AK)信号和调制模块的 2DPSK 信号之间逻辑关系正确与否)。将数字信源模块的 NRZ-OUT 信号用信号连线连接到位同步模块的 S-IN 点,接通实验箱电源。按几下位同步模块的复位键,确保位同步模块正常工作。

② 用示波器观察载波同步模块锁相环的锁定状态及失锁状态。环路锁定时 U_d 形成的直流环路输入信号频率等于反馈信号频率(即 VCO 信号频率)。环路失锁时 U_d 为差拍电压,环路输入信号频率与反馈信号频率不相等。本环路输入信号频率等于 2DPSK 载频的两倍,即等于调制模块 CAR 信号频率的两倍。环路锁定时 VCO 信号频率等于相干载波信号 CAR-OUT 频率的两倍。所以环路锁定时调制模块的 CAR 和载波同步模块的 CAR-OUT 频率完全相等。

根据上述特点可判断环路的工作状态,具体实验步骤如下:

① 打开电源后用示波器观察 U_d,若 U_d 为直流电压,则通过手工调节载波同步模块上的电位器 CR34,通过它人为改变 VCO 振荡回路中的电容量,即改变了 VCO 的固有振荡频率,从而使得 U_d 直流电压随振荡回路电容量减小而减小,或随振荡回路电容量增大而增大(为什么？请思考),这说明环路处于锁定状态。用示波器同时观察调制模块的 CAR 信号和载波同步模块的 CAR-OUT 信号,可以看到两个信号频率相等。若有频率计则可分别测量出 CAR 和 CAR-OUT 的频率。

② 在锁定状态下,向任意一方向调节电位器 CR_{34},可使 U_d 由直流电压变为交流电压,CAR 和 CAR-OUT 频率也不再相等,此时环路由锁定状态变为失锁状态。

接通电源后 U_d 也可能是差拍电压,表示环路已处于失锁状态。失锁时 U_d 的最大值和最小值就是锁定状态下 U_d 的变化范围(对应于环路的同步范围)。环路处于失锁状态时,调节电位器 CR_{34} 使 U_d 的差拍频率降低,当频率降低到某一程度时 U_d 会突然变成直流电压,环路由失锁状态变为锁定状态。

③ 观察数字环的锁定状态和失锁状态。调整信源模块的 K_1,K_2,K_3 开关,使 NRZ-OUT 为 01110010 11000000 00000000。将示波器置于外同步触发状态,用数字信源模块的 FS 信号作为示波器的外同步触发信号。将示波器的两个探头分别接信源模块的 NRZ-OUT 和位同步模块的 BS-OUT。

调节位同步模块上的电位器 CR_2,观察数字环的锁定状态和失锁状态。

锁定时 BS-OUT 信号上升沿位于 NRZ-OUT 信号的码元中间且在很小范围内抖动;失锁时,BS-OUT 的相位抖动比较大,本实验中抖动范围可能超出半个码元宽度。

④ 观察位同步信号抖动范围与位同步器输入信号连"1"码或连"0"码个数的关系。调节电位器 CR2 使环路锁定且 BS-OUT 信号相位抖动范围最小,调整信源模块的 K_1,K_2,K_3,使每帧 NRZ-OUT 信号只有一个"1"码或只有一个"0"码,观察此时 BS-OUT 信号的相位抖动变化情况。

⑤ 观察位同步器的快速捕捉现象。调整信源模块的 K_1,K_2,K_3 开关,使 NRZ-OUT 还原为 01110010 11000000 00000000,并调节电位器 CR_2 使 BS-OUT 信号的相位抖动最小。

手动按下复位键使锁相环路停止工作,观察 NRZ-OUT 与 BS-OUT 信号之间的相位关系变化情况;再放开复位键使环路开始工作,观察快速捕捉现象(位同步信号 BS-OUT 的相位一步调整到位)。

五、实验报告

① 画出实验所观察的各波形。
② 根据实验结果,写出本次实验的心得体会以及对本次实验的改进意见。

六、预习要求

① 总结锁相环锁定状态及失锁状态的特点。
② 由公式

$$\omega_n = \sqrt{\frac{K_d K_o}{(R_{25}+R_{68})C_{11}}} \quad 及 \quad \zeta = \frac{R_{68}C_{11}}{2}\omega_n$$

计算环路参数 ω_n 和 ζ。式中 $K_d=6$ V/rad, $K_o=2\pi\times 18$ rad/s; $R_{25}=2\times 10^4$ Ω, $R_{68}=5\times 10^3$ Ω, $C_{11}=2.2\times 10^{-6}$ F。而 $f_n=\omega_n/(2\pi)$ 应远小于码速率,ζ 应大于 0.5。

③ 数字环位同步器的同步抖动范围随发端和收端的时钟稳定度降低而增大,试定性解释此现象。

七、思考题

① 数字环位同步器输入 NRZ 码的连"1"码或连"0"码个数增加时,提取的位同步信号相位抖动增大,试定性解释此现象。

② 若数字锁相环位同步器输入信号为 RZ 码,试分析连"1"码和连"0"码的长度与位同步信号相位抖动范围的关系。

实验五 帧 同 步

一、实验目的

① 掌握巴克码识别原理。
② 掌握同步保护原理。

二、实验设备

通信原理实验箱 TX-6B,示波器。

三、实验原理

在时分复用通信系统中,为了正确地传输信息,必须在信息码流中插入一定数量的帧同步码,可以集中插入,也可以分散插入。本实验系统中帧同步识别码为七位巴克码,集中插入到每帧的第二至第八个码元位置上。帧同步模块的原理框图如图 1.32 所示,电原理图如图 1.33 所示,其内部只使用+5 V 电压。

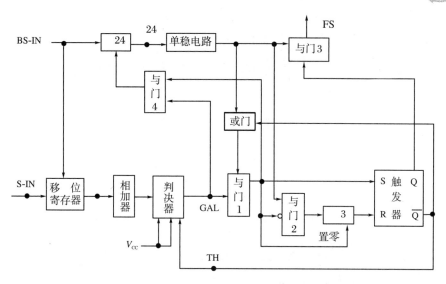

图 1.32 帧同步模块的原理框图

本模块有以下测试点及输入输出点：
➢ S-IN：数字基带信号输入点（两个）。
➢ BS-IN：位同步信号输入点（两个）。
➢ GAL：巴克码识别器输出信号测试点。
➢ ÷24：二十四分频器输出信号测试点。
➢ TH：判决门限电平测试点。
➢ FS：帧同步信号测试点。

图 1.32 中各单元与图 1.33 的电路板上元器件的对应关系如下：
➢ ÷24 分频器——U_{60}，U_{61}：计数器 4017；U_{58C}，U_{58E}：或门 4071。
➢ 移位寄存器——U_{50}，U_{51}：四位移位寄存器 74LS175。
➢ 相加器——U_{52}：可编程逻辑器件 GAL20V8。
➢ 与门 3——U_{56D}：与门 74LS08。
➢ 与门 4——U_{56B}：与门 74LS08。
➢ 或门——U_{58A}：或门 4071。
➢ ÷3 分频器——U_{54}：计数器 4017。
➢ 触发器——U_{55}：JK 触发器 4027。

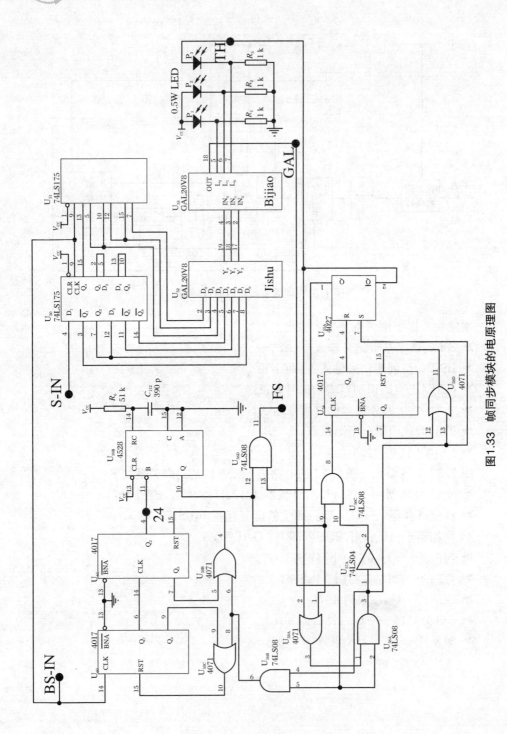

图1.33 帧同步模块的电原理图

从总体上看,本模块可分为巴克码识别器及同步保护两部分。巴克码识别器包括移位寄存器、相加器和判决器,图 1.32 中的其余部分完成同步保护功能。

移位寄存器由两片 74LS175 组成,移位时钟信号是位同步信号。当七位巴克码全部进入移位寄存器时,U_{50} 的 Q_1,Q_2,Q_3,Q_4 及 U_{51} 的 Q_2,Q_3,Q_4 都为 1,它们输入到相加器 U_{52} 的数据输入端 $D_0 \sim D_6$,U_{52} 的输出端 Y_0,Y_1,Y_2 都为 1,表示输入端为七个 1。当 $Y_2Y_1Y_0=100$ 时,表示输入端有四个 1,依此类推。$Y_2Y_1Y_0$ 的不同状态表示了 U_{52} 输入端为 1 的个数。判决器 U_{53} 有六个输入端。IN_2,IN_1,IN_0 分别与 U_{52} 的 Y_2,Y_1,Y_0 相连,L_2,L_1,L_0 与判决门限控制电压相连,L_2,L_1 已设置为 1,而 L_0 由同步保护部分控制,可能为 1 也可能为 0。在帧同步模块电路中有三个发光二极管指示灯 P_1,P_2,P_3 与判决门限控制电压相对应,即从左到右与 L_2,L_1,L_0 一一对应,灯亮对应 1,灯熄对应 0。判决电平测试点 TH 就是 L_0 信号,它与最右边的指示灯 P_3 状态相对应。当 $L_2L_1L_0=111$ 时门限为 7,三个灯全亮,TH 为高电平;当 $L_2L_1L_0=110$ 时门限为 6,P_1 灯和 P_2 灯亮,而 P_3 灯灭,TH 为低电平。当 U_{52} 输入端为 1 的个数(即 U_{53} 的 $IN_2IN_1IN_0$)大于或等于判决门限 $L_2L_1L_0$ 时,识别器就会输出一个脉冲信号。

当基带信号里的帧同步码无错误时(七位全对),只要把位同步信号和数字基带信号输入给移位寄存器,识别器就会有帧同步识别信号 GAL 输出,各种信号波形及时序关系如图 1.34 所示,GAL 信号的上升沿与最后一位帧同步码的结束时刻对齐。图中还给出了 ÷24 信号及帧同步器最终输出的帧同步信号 FS-OUT,FS-OUT 的上升沿稍迟后于 GAL 的上升沿。

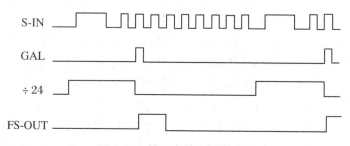

图 1.34 帧同步器信号波形图

÷24 信号是将位同步信号进行二十四分频得到的,其周期与帧同步信号的周期相同(因为一帧二十四位是确定的),但其相位不一定符合要求。当识别器输出一个 GAL 脉冲信号(即捕获到一组正确的帧同步码)时,在 GAL 信号和同步保护器的作用下,÷24 电路置"0",从而使输出的 ÷24 信号下降沿与 GAL 信号的上升沿对齐。÷24 信号再送给后级的单稳电路,单稳设置为下降沿触发,其输出信号的上升沿比 ÷24 信号的下降沿稍有延迟。

同步器最终输出的帧同步信号 FS 是由同步保护器中的与门三对单稳输出信号及状态触发器的 Q 端输出信号进行"与"运算得到的。

电路中同步保护器的作用是减小假同步和漏同步。

当无基带信号输入（或虽有基带信号输入但相加器输出低于门限值）时，识别器没有输出（即输出为0），与门1关闭，与门2打开；单稳输出信号通过与门2后输入到÷3电路，÷3电路的输出信号使状态触发器置"0"，从而关闭与门3；同步器无输出信号，此时 Q 的高电平把判决器的门限置为 7(P_3 灯亮)且关闭或门并打开与门1，同步器处于捕捉态。只要识别器输出一个 GAL 信号（因为判决门限比较高，这个 GAL 信号是正确的帧同步信号的概率很高），与门4就可以输出一个置"0"脉冲使÷24分频器置"0"（÷24分频器输出与 GAL 信号同频、同相的周期信号）。识别器输出的 GAL 脉冲信号通过与门1后使状态触发器置"1"，从而打开与门3，输出帧同步信号 FS-OUT，同时使判决器门限降为 6(P_3 灯熄)，打开或门，同步器进入维持状态。在维持状态下，因为判决门限较低，故识别器的漏识别概率减小，假识别概率增加。但假识别信号与单稳输出信号不同步，故与门1和4不输出假识别信号，从而使假识别信号不影响÷24电路的工作状态；与门3输出的仍是正确的帧同步信号。实验中可根据判决门限指示灯 P_3 判断同步器处于何种状态：P_3 亮为捕捉态，P_3 熄为同步态。

在维持状态下，识别器也可能出现漏识别。但由于漏识别概率比较小，所以连续几帧出现漏识别的概率更小。只要识别器不连续出现三次漏识别，则÷3电路不输出脉冲信号，维持状态保持不变；若识别器连续出现三次漏识别，则÷3电路输出一个脉冲信号，使维持状态变为捕捉态，重新捕捉帧同步码。

不难看出，若识别器第一次输出的脉冲信号为假识别信号（即首次捕获到的是信息数据中与帧同步码完全相同的码元序列），则系统将进入错误的同步维持状态。由于本实验系统是连续传输以一帧为周期的周期信号，所以此状态将维持下去。但在实际的信息传输中不会连续传送这种周期信号，因此连续几帧都输出假识别信号的概率极小。所以这种错误的同步维持状态存在的时间是短暂的。

当然，同步保护器中的÷3电路的分频比也可以设置为其他值，此值越大，在维持状态下允许的识别器的漏识别概率也越大。在维持态下对同步信号实施的保护措施称为前方保护，在捕捉态下实施的同步保护措施称为后方保护。本同步器中捕捉态下的高门限属于后方保护措施之一，它可以减少假同步概率。当然，还可以采取其他电路措施进行后方保护。低门限及÷3电路属于前方保护，它可以保护已建立起来的帧同步信号，避免识别器偶尔出现的漏识别造成的帧同步器丢失帧同步信号（即减少漏同步概率）。同步器中的其他保护电路用来减少维持态下的假同步概率。

四、实验内容

1. 仿真实验

根据帧同步原理,用 SystemView 创建如图 1.35 所示的仿真电路图,说明各个图符的设置参数,观察系统中各信号的波形并对实验结果进行分析。

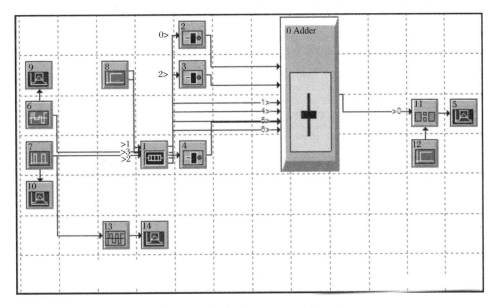

图 1.35 巴克码识别器仿真电路图

2. 硬件实验

① 熟悉帧同步单元的工作原理。将信源单元的 NRZ-OUT,BS-OUT 用信号连线分别与帧同步单元的 S-IN,BS-IN 对应相连,接通实验箱电源。

② 观察同步器的维持态(同步态)。将数字信源单元的 K_1(左边的八位微动开关)置于×1110010 状态(1110010 为帧同步码,×是无定义位,可任意置"1"或置"0")、K_2 置为 10000000 状态、K_3 则置为全 0 状态;示波器 CH_1 接信源单元的 NRZ-OUT,CH_2 分别接帧同步单元的 GAL,÷24,TH 及 FS,观察并纪录上述信号波形以及与 NRZ-OUT 的相位关系(TH 为零电平,帧同步模块的 P_3 指示灯熄,P_1,P_2 亮,表示识别门限为6)。使信源的帧同步码(K_1 的第二位到第八位)中错一位,重新观察上述信号,此时 GAL,÷24,TH,FS 应不变。使信源帧同步码再错一位重作上述观察(此时同步器应转入捕捉态,仅÷24 波形不变,请根据原理框图分析思考此过程)。

③ 观察同步器的捕捉态(失步态)。上步中电路已经由同步态变为捕捉态,示

波器仍观察÷24信号,此时断开电源再接通电源,可看到÷24波形的下降沿已不再对准第一个数据位(相位随机),观察其他信号可见TH为高电平,FS无输出。将信源K_1从刚才错两位状态还原为仅错一位状态,观察÷24信号相位是否变化;再将信源K_1还原为正确的帧同步码(×1110010),观察÷24信号相位是否变化。分析÷24信号相位变化原因,从而理解同步器从失步态转为同步态的过程。

④ 观察识别器假识别现象及同步保护器的保护作用。上步中同步器转为同步状态后,使信源单元的K_2或K_3中出现1110010状态(与1110010状态有一位不同的状态也可),示波器CH1接NRZ-OUT,CH2分别接GAL和FS,观察识别器假识别现象,理解同步保护电路的保护作用。

五、实验报告

① 画出实验所观察的各波形。
② 根据实验结果,写出本次实验的心得体会以及对本次实验的改进意见。

六、预习要求

① 预习教材有关帧同步的内容。
② 分析同步保护电路是如何使假识别信号不形成假同步信号的。

七、思考题

① 根据实验结果,画出同步器处于同步状态及失步状态时各点的波形。
② 本实验中同步器由同步态转为捕捉态时÷24信号相位为什么不变?

实验六 PCM 编译码

一、实验目的

① 掌握PCM编译码原理。
② 掌握同步时分复用PCM基带信号的复接和分接原理。
③ 了解语音信号PCM编译码系统频率特性的定义及测量方法。

二、实验设备

通信原理实验箱TX-6B,示波器,信号发生器。

三、实验原理

1. 点到点 PCM 多路电话通信原理

脉冲编码调制(PCM)技术与增量调制(ΔM)技术已经在数字通信系统中得到了广泛应用。当信道噪声比较小时一般用 PCM,否则一般用 ΔM。目前在速率为 155 Mbit/s 以下的准同步数字系列(PDH)中,国际上存在 A 律和 μ 律两个 PCM 数字复接系列;速率在 155 Mbit/s 以上的同步数字系列(SDH)中,将这两个系列统一起来,在同一个等级上两个系列的速率相同。而 ΔM 在国际上无统一标准,但它在通信环境比较恶劣时可显示出巨大的优越性。

点到点 PCM 多路电话通信的原理可用图 1.36 表示。对于基带通信系统,广义信道包括传输媒质、收滤波器、发滤波器等;对于频带系统,广义信道包括传输媒质、调制器、解调器、发滤波器、收滤波器等。

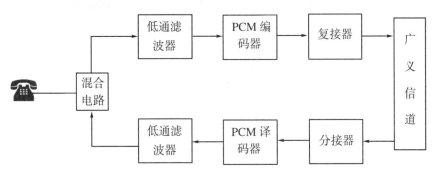

图 1.36　点到点 PCM 多路电话通信的原理方框图

本实验采用 PCM 编译码模块传输的两路音频正弦信号或两路话音信号。PCM 编译码模块的核心器件是 TP3057 编译码器,它包括了图 1.36 中的收端和发端的低通滤波器及 PCM 编码器和 PCM 译码器。编码器输入信号可以是本实验模块内部产生的正弦信号,也可以是外部信号源的正弦信号或话音信号。本实验模块中不含电话机和混合电路,广义信道是理想的,即将复接器输出的 PCM 信号直接送给分接器。

2. PCM 编译码模块原理

本模块的原理方框图如图 1.37 所示,电路原理图如图 1.38 所示,模块内部使用＋5 V 和－5 V 电压,其中－5 V 电压由－12 V 电源经 7905 变换得到。

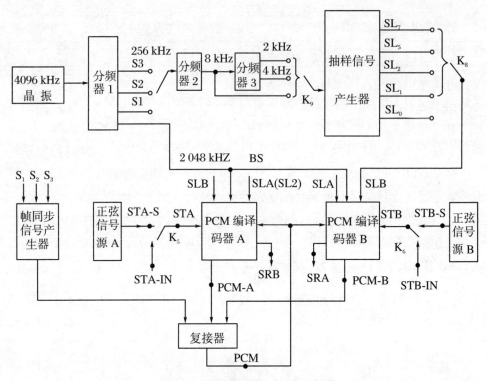

图 1.37 PCM 编译码原理的方框图

该模块上有以下信号测试点和输入点：
- BSP：CM 基群时钟信号测试点。
- SL0P：CM 基群第零个时隙同步信号测试点。
- SLA：信号 A 的抽样信号，即时隙同步信号测试点。
- SLB：信号 B 的抽样信号，即时隙同步信号测试点。
- SRB：信号 B 译码器输出信号测试点。
- STA：输入到编码器 A 的信号测试点。
- SRA：信号 A 译码器输出信号测试点。
- STB：输入到编码器 B 的信号测试点。
- PCM：时分复用 PCM 信号测试点。
- PCM-A：信号 A 编码结果测试点。
- PCM-B：信号 B 编码结果测试点。
- STA-IN：外部音频信号 A 输入点。
- STB-IN：外部音频信号 B 输入点。

本模块有多个设定开关：开关 K_5，K_6 用来选择两个编码器的输入信号，开关手柄处于左边(STA-IN,STB-IN)时选择外部信号,处于右边(STA-S,STB-S)时选择模块内部音频正弦信号;开关 K_8 用来选择 SLB 信号,它可以为时隙同步信号 SL_1,SL_2,SL_5,SL_7 中的任何一个;开关 K_9 用来选择抽样频率,可为 8 kHz,4 kHz 或 2 kHz 中的任何一种。图 1.37 中各单元与图 1.38 中元器件之间的对应关系如下:

➢ 晶振——U_{75}:非门 74LS04;CRY1:4096 kHz 晶体。
➢ 分频器 1——U_{78A}:D 触发器 74LS74;U_{79}:计数器 74LS193。
➢ 分频器 2——U_{80}:计数器 74LS193;U_{78B}:D 触发器 74LS74。
➢ 分频器 3——U_{91}:D 触发器 74LS74。
➢ 抽样信号产生器——U_{81}:单稳态触发器 74LS123;U_{76}:移位寄存器 74LS164。
➢ PCM 编译码器 A——U_{82}:PCM 编译码集成电路 TP3057。
➢ PCM 编译码器 B——U_{83}:PCM 编译码集成电路 TP3057。
➢ 帧同步信号产生器——U_{77}:八位数据产生器 74HC151;U_{86D}:与门 74LS08。
➢ 正弦信号源 A——U_{86D},U_{86A}:运算放大器 LM324。
➢ 正弦信号源 B——U_{86B},U_{86C}:运算放大器 LM324。
➢ 复接器——U_{85}:或门 74LS32。

晶振、分频器 1、分频器 2 及抽样信号(时隙同步信号)产生器构成一个定时器,为两个 PCM 编译码器提供 2.048 MHz 的时钟信号和 8 kHz 的时隙同步信号。在实际通信系统中,译码器的时钟信号(即位同步信号)及时隙同步信号(即路同步信号)应从接收到的数据流中提取。此处将同步器产生的时钟信号及时隙同步信号直接送给译码器。

由于时钟频率为 2.048 MHz,故 PCM-A 及 PCM-B 的速率都是 2.048 Mbit/s。当抽样信号频率为 8 kHz 时,1 帧 PCM-A 或 1 帧 PCM-B 中有三十二个时隙,其中一个时隙为信号 A 或信号 B 的编码数据,另外三十一个时隙都是空时隙。

时分复用 PCM 信号速率也是 2.048 Mbit/s,当抽样信号频率为 8 kHz 时,一帧 PCM 中的三十二个时隙中有二十九个是空时隙,第零时隙为帧同步码(×1110010),第二时隙为信号 A 的编码结果,第一(或第五,或第七时隙由开关 K_8 控制)时隙为信号 B 的编码结果。

由于两个 PCM 编译码器只用一个时钟信号,所以可以对它们进行同步复接(即不需要进行码速调整)。又由于两个编码器输出数据处于不同时隙,故可对 PCM-A 和 PCM-B 进行线或。本模块中用或门 74LS32 对 PCM-A、PCM-B 及帧同步信号进行复接。在译码之前,不需要对 PCM 进行分接处理,译码器的时隙同步信号实际上起到了对信号分路的作用。

在通信工程中,主要用动态范围和频率特性来说明 PCM 编译码器的性能。

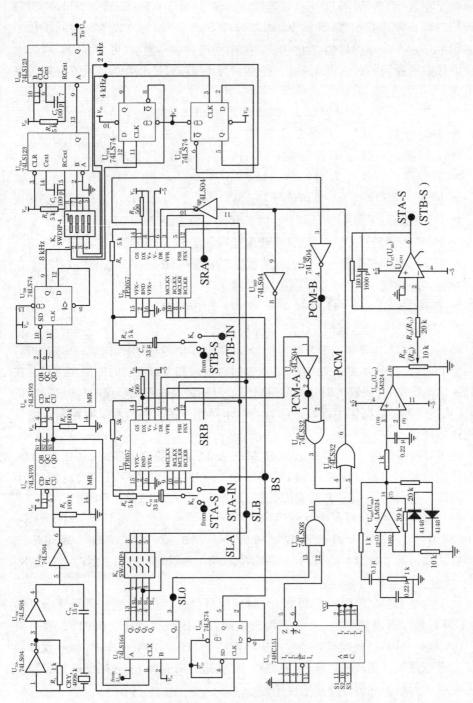

图1.38 PCM编译码的电原理图

动态范围的定义是译码器输出信噪比大于 25 dB 时允许编码器输入信号幅度的变化范围。PCM 编译码器的动态范围应大于图 1.39 所示的 CCITT 建议框架（样板值），图中 dBm0 是取 1 mW 作基准值，相对于零相对电平点的、以 dB 表示的信号绝对功率电平。

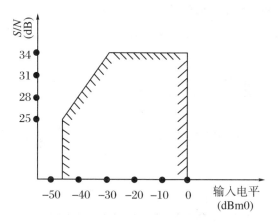

图 1.39 PCM 编译码系统动态范围样板值

当编码器输入信号幅度过大时，出现过载噪声，量化信噪比急剧下降；当编码器输入信号幅度过小时，由于信号功率太小而使量化信噪比小于 25 dB。TP3057 编译码系统不过载时输入信号的最大幅度为 $5V_{P-P}$。

由于采用对数压扩技术，PCM 编译码系统可以改善小信号的量化信噪比，TP3057 采用 A 律十三折线对信号进行压扩。当信号处于某一段落时，量化噪声不变（因在此段落内对信号进行均匀量化），因此在同一段落内量化信噪比随信号幅度减小而下降。十三折线压扩特性曲线将正负信号各分为八段，第一段信号最小，第八段信号最大。当信号处于第一、二段时，量化噪声不随信号幅度变化而变化。因此当信号太小时，量化信噪比会小于 25 dB，这就是动态范围的下限。TP3057 编译码系统动态范围内的输入信号最小幅度约为 $0.025V_{P-P}$。

常用 1 kHz 的正弦信号作为输入信号来测量 PCM 编译码器的动态范围。语音信号的抽样信号频率为 8 kHz，为了不发生频谱混叠，常将语音信号经截止频率为 3.4 kHz 的低通滤波器处理后再进行 A/D 处理。语音信号的最低频率一般为 300 Hz。TP3057 编码器的低通滤波器和高通滤波器决定了编译码系统的频率特性，当输入信号频率超过这两个滤波器的频率范围时，译码输出信号幅度迅速下降。这就是 PCM 编译码系统频率特性的含义。

四、实验内容

1. 仿真实验

根据 PCM 原理,用 SystemView 创建如图 1.40 所示的仿真电路图,说明各个图符的设置参数,观察系统中各信号的波形并对实验结果进行分析。

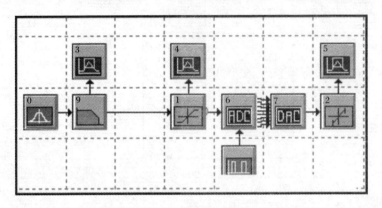

图 1.40　PCM 编码压缩与扩张仿真电路图

2. 硬件实验

本实验使用 PCM 编译码模块。

① 熟悉 PCM 编译码模块的工作原理。用开关 K_9 接通 8 kHz 抽样信号(即 K_9 置为 1000 状态),开关 K_8 置为 SL_1(或 SL_5,SL_7),开关 K_5,K_6 分别置于 STA-S,STB-S 端,接通实验箱电源。

② 将示波器置于内同步触发状态且设定 CH_1 通道信号为内同步触发信号。用 CH_1 通道分别观察 STA,STB,调节电位器 R_{20}(对应 STB),使正弦信号 STB 波形顶部不失真(峰峰值小于 5 V)。

③ 用示波器观察 PCM 译码器输出信号的量化噪声。示波器的 CH_1 接 STA(或 STB),CH_2 接 SRA(或 SRB),观察编码器输入信号和译码器输出信号波形的区别(注意观察译码输出信号的量化噪声,包括小信号量化噪声和大信号量化噪声)。

④ 用示波器观察 PCM 编码输出信号。示波器 CH_1 接 SL_0(调整示波器扫描周期以至少显示两个 SL_0 脉冲,从而可以观察完整的一帧信号),CH_2 依次接 SLA,PCM-A,SLB,PCM-B 以及 PCM,观察编码后的数据所处时隙位置与时隙同步信号的关系以及 PCM 信号的帧结构(注意:本实验的帧结构中有二十九个时隙是空时隙,SL_0,SLA 及 SLB 的脉冲宽度等于一个时隙宽度)。开关 K_8 分别接通 SLB-1,2,5,7,观察 PCM 帧结构的变化情况。

⑤ 定量测试 PCM 编译码器的频率特性。频率特性测试框图如图 1.41 所示。开关 K_5 置于 STA-IN 端,将输入信号电压调至 $2V_{pp}$ 左右,改变信号频率,测量译码输出信号幅度,将测试结果填入表 1.1 中。

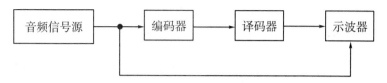

图 1.41 频率特性测试方框图

表 1.1 译码输出信号的测试结果

输入信号频率(kHz)	4	3.8	3.6	3.4	3.0	2.5	2.0	1.5	1.0	0.5	0.3	0.2	0.1
输出信号幅度(V)													

五、实验报告

① 画出实验所观察的波形,注意 PCM 帧结构的变化情况。

② 整理实验记录,画出译码输出信号幅度与编码输入信号频率之间的关系曲线。

六、预习要求

① 预习教材有关 PCM 的内容。

② 分析 PCM 编译码器的硬件实现电路,掌握它的调整测试方法。

七、思考题

① 根据实验结果说明译码器输出信号波形与编码器输入信号波形有何区别。

② 分析开关 K_8 分别接通 SLB-1,2,5,7 时 PCM 帧结构有何变化。

实验七 时分复用数字基带通信系统

一、实验目的

① 掌握时分复用数字基带通信系统的基本原理及数字信号传输过程。
② 掌握位同步信号抖动、帧同步信号错位对数字信号传输的影响。
③ 掌握位同步信号、帧同步信号在数据分接中的作用。

二、实验设备

通信原理实验箱 TX-6B,示波器。

三、实验原理

本实验需要使用数字终端模块,下面先介绍数字终端模块工作原理,再介绍数字基带通信系统原理。

1. 数字终端模块工作原理

数字终端模块原理的方框图如图 1.42 所示,电原理图如图 1.43 所示。它输入单极性非归零信号 S-IN、位同步信号 BS-IN 和帧同步信号 FS-IN,把两路数据信号从时分复用信号中分离出来,输出两路串行数据信号和两个八位的并行数据信号。两个并行信号驱动十六个发光二极管,左边八个发光二极管显示第一路数据,右边八个发光二极管显示第二路数据,二极管亮状态表示"1"码,熄灭状态表示"0"码。两个串行数据信号速率为数字源输出信号速率的 1/3。

在数字终端模块中,有以下信号测试点及输入点:

➢ S-IN:时分复用基带信号输入点。
➢ SD:延迟后的时分复用信号测试点。
➢ BD:延迟后的位同步信号测试点。
➢ FD:整形后的帧同步信号测试点。
➢ D_1:分接后的第一路数字信号测试点。
➢ B_1:第一路数据的时钟信号测试点。
➢ F_1:第一路信号的路同步信号测试点。
➢ D_2:分接后的第二路数字信号测试点。
➢ B_2:第二路数据的时钟信号测试点。
➢ F_2:第二路信号的路同步信号测试点。

图 1.42 中各单元与图 1.43 中元器件对应的关系如下:
- 延迟电路 1——U_{63}:单稳态多谐振荡器 4098(4528)。
- 延迟电路 2——U_{62A}:D 触发器 4013。
- 整形电路——U_{64A}:单稳态多谐振荡器 4098(4528);U_{62B}:D 触发器 4013。
- 延迟电路 3——U_{67},U_{68},U_{69}:移位寄存器 40174。
- ÷3——U_{72}:十进制计数器/脉冲分配器 4017;U_{73C}:与门 4081;U_{74D}:或门 4071。
- 分接与串并变换器——U_{65},U_{70}:八级移位寄存器 4094。
- 并串变换器——U_{66},U_{71}:八级移位寄存器 4021。
- 显示电路——三极管 9013;发光二极管。

延迟电路 1、延迟电路 2、延迟电路 3、整形电路及 ÷3 等五个单元的输出信号如图 1.44 所示,这些信号的相位可以满足分接与串/并变换器以及并/串变换器的要求。

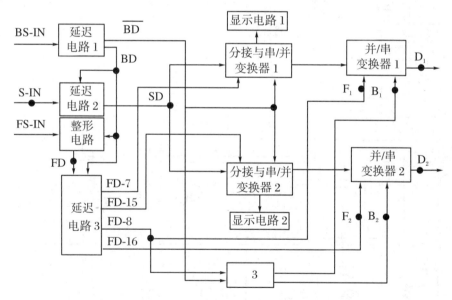

图 1.42 数字终端模块的原理方框图

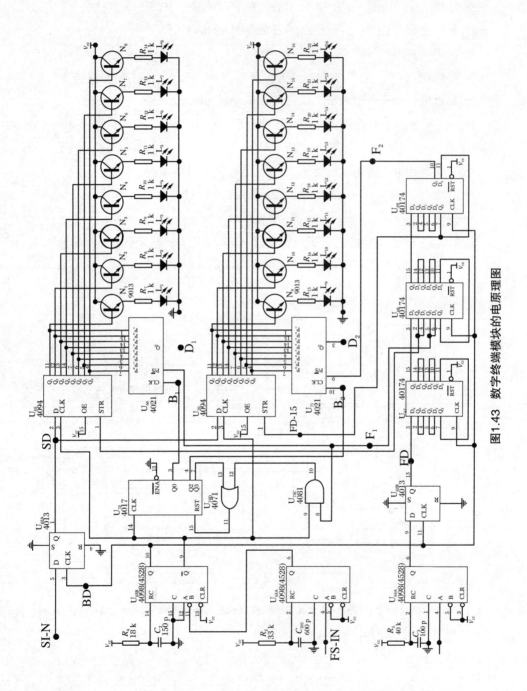

图1.43 数字终端模块的电原理图

帧同步模块输出的帧同步脉冲信号宽度大于码元宽度且其上升沿滞后于位同步模块输出的位同步信号。将整形电路中的单稳态多谐振荡器设置为上升沿触发状态,其输出脉冲宽度略小于一个码元宽度,然后对此信号用延迟电路1输出的位同步信号BD进行抽样,即得到图1.44所示的FD信号,它的脉冲宽度为一个码元宽度且上升沿与BD的上升沿对齐。延迟电路1由两个单稳态多谐振荡器构成,将其依次设置为上升沿触发状态和下降沿触发状态。输入信号BS-IN的延迟时间等于上升沿触发状态多谐振荡器输出的脉冲宽度。延迟电路1输出信号BD的脉冲宽度等于下降沿触发状态多谐振荡器输出的脉冲宽度,它的脉冲占空比小于1/2。

延迟电路2是一个抽样电路,它的输出信号SD是一个单极性非归零码且其脉冲上升沿与BD信号脉冲上升沿对齐。÷3单元将BD信号进行三分频,其输出信号B1和B2,分别是第一路和第二路数据的时钟信号,它们的脉冲占空比为1/3。

延迟电路3把FD延迟七、八、十五、十六个码元周期,可分别得到FD-7,FD-8(即F_1),FD-15和FD-16(即F_2)四个帧同步信号(可分别称F_1和F_2为第一路数据和第二路数据的路同步信号)。在FD-7及BD的作用下,分接与串/并变换器1并从SD中分接出第一路数据信号且变为八位并行码。在FD-15和BD作用下,分接与串/并变换器2并从SD中分接出第二路数据信号且变为八位并行码。在F_1及B_1的作用下,并/串变换器1将第一路并行信号变为串行信号D_1;在F_2及B_2的作用下,并/串变换器2将第二路并行信号变为串行信号D_2。D_1信号和D_2信号的速率为信源输出信号速率的1/3。

U_{65},U_{70}输出的并行信号送给显示单元。根据数字信源和数字终端对应的发光二极管的状态,可以判断数据传输是否正确。

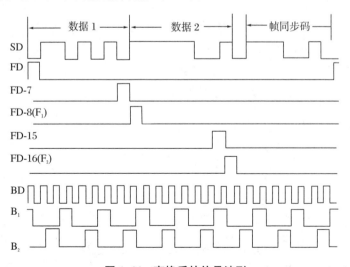

图1.44 变换后的信号波形

应指出的是,当数字终端采用其他电路或分接出来的数据有其他要求时,对位同步信号及路同步信号的要求将有所不同。但不管采用什么电路,都需要符合某种相位关系的路同步信号和位同步信号,才能正确分接出时分复用的各路信号。

2. 时分复用数字基带通信系统

图 1.45 为时分复用数字基带通信系统原理图。复接器输出时分复用单极性不归"0"码(NRZ 码),码型变换器将 NRZ 码变为适于信道传输的传输码(如 HDB3 码等)。发滤波器主要用来限制基带信号频带,收滤波器可以滤除一部分噪声,同时与发滤波器、信道一起构成无码间串扰的基带传输特性。复接器和分接器都需要位同步信号和帧同步信号。

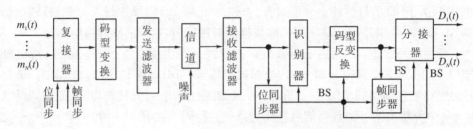

图 1.45 时分复用数字基带通信系统原理图

本实验中复接路数 $N=2$,信道是理想的,即相当于将发滤波器输出信号无失真地传输到收滤波器。为简化实验设备,收、发滤波器被省略掉。

四、实验内容及步骤

本次实验使用数字信源、位同步、帧同步、数字终端这四个单元。它们的信号连接关系如图 1.46 所示,其中实线表示实验板上已经布好,虚线表示实验中要手工连接的信号线(共四根)。

① 复习位同步、帧同步的实验内容并熟悉数字终端单元工作原理,按照图 1.46 将这四个模块连在一起,接通实验箱电源。

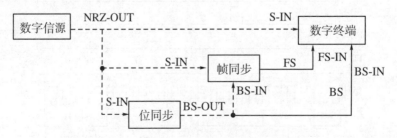

图 1.46 时分复用数字基带系统连接图

② 用示波器 CH_1 观察数字信源单元 NRZ-OUT 波形,判断信源单元是否正常工作。

③ 用示波器 CH_2 观察位同步单元 BS-OUT,调节位同步单元的可变电容,使位同步信号 BS-OUT 对准信源的 NRZ 信号中间位置并且相位抖动最小。

④ 将数字信源单元的 K_1 置于×1110010,用示波器 CH_2 观察帧同步单元 FS 信号与信源 NRZ 信号的相位关系,判断帧同步单元是否正常工作。

⑤ 当位同步单元和帧同步单元已正确地提取出位同步信号和帧同步信号时,通过发光二极管观察两路 8 b 数据已正确地传输到收终端。

⑥ 用示波器观察分接出来的两路 8 b 周期信号 D_1(对应位同步 B_1)和 D_2(对应位同步 B_2)。

⑦ 观察位同步抖动对数据传输的影响。用示波器观察数字终端单元的 D_1 或 D_2 信号,然后缓慢调节位同步单元上的可变电容 C_2(增大位同步抖动范围),观察 D_1 或 D_2 信号波形变化情况和发光二极管的状况(C_2 在某一范围变化时,D_1 或 D_2 无误码;C_2 变化太大时出现误码)。

⑧ 观察帧同步对数据传输的影响。还原位同步单元到正确的状态,将数字信源单元的 K_1 置为 1110010X,观察数字终端分接出来的两路信号和数字信源单元的对应关系并分析原因。

五、实验报告

① 画出数字基带输出系统仿真电路图。
② 根据实验结果,画出数据终端各测量点的波形图,并注意对应关系。

六、预习要求

① 预习教材中有关时分复用基带通信系统的内容,掌握数字基带通信系统的组成。
② 分析数字终端模块中串/并变换和并/串变换电路的工作原理。

七、思考题

① 本实验系统中,为什么位同步信号在一定范围内抖动时并不发生误码?位同步信号的这个抖动范围大概为多少?在图 1.43 所示的实际通信系统中是否也存在此现象?
② 帧同步信号在对复用数据进行分接时起何作用,用实验结果加以说明。

实验八　时分复用 2DPSK 和 2FSK 通信系统

一、实验目的

① 掌握时分复用 2DPSK 通信系统的基本原理。
② 掌握时分复用 2FSK 通信系统的基本原理。

二、实验设备

通信原理实验箱 TX-6B,示波器。

三、实验原理

图 1.47 给出了传输两路数字信号的时分复用 2DPSK 通信系统原理方框图,将图中的 2DPSK 调制器和 2DPSK 解调器分别换为 2FSK 调制器和 2FSK 解调器,并去掉载波同步信号 F_{12},即为时分复用 2FSK 通信系统。图中 $m(t)$ 为时分复用数字基带信号,为 NRZ 码,发滤波器及收滤波器的作用与基带系统类似。为便于用示波器观察数字信号的传输过程,本实验假设信道是理想的且收发端都无滤波器。

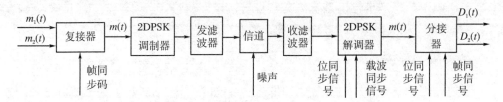

图 1.47　2DPSK 时分复用通信系统的原理框图

四、实验内容

1. 拟定 2DPSK 系统及 2FSK 系统各模块之间的信号连接方案

2DPSK 系统中包括数字信源、数字调制、载波同步、2DPSK 解调、位同步、帧同步及数字终端七个模块。在 2FSK 系统中,无载波同步模块,将 2DPSK 解调模块改为 2FSK 解调模块,其他模块与 2DPSK 系统相同。

进行本实验时,需要实验者将五根信号线正确地连接到有关模块:位同步模块的输入信号 S-IN 来自于 2DPSK 解调模块或 2FSK 解调模块的 CM 信号;帧同步模块和终端模块的输入信号 S-IN 来自于 2DPSK 解调模块或 2FSK 解调模块的 AK-OUT 信号；2DPSK 解调模块或 2FSK 解调模块以及帧同步模块所需的位同步信号 BS-IN 来自于位同步模块的 BS-OUT 信号。其他信号已在印刷板上连好,不需要实验者再连线。

2. 2DPSK 通信系统实验的操作

按拟订的方案连好信号连线,接通实验箱电源,将数字调制模块单刀双掷开关 K_7 置于左方 NRZ 端。若信源的两路数据可以正确地传输到终端,则用示波器观察信号的传输过程,从而掌握时分复用 2DPSK 通信系统的基本原理；若信源的两路数据不能正确地传输到终端,请分析原因并排除故障。

3. 2FSK 通信系统实验的操作

按拟订的方案连好信号连线,接通实验箱电源,将数字调制模块单刀双掷开关 K_7 置于左方 NRZ 端,使信源的两路数据正确地传输到终端。

五、实验报告

① 用数字信源、数字终端、数字调制、2DPSK 解调、载波同步、位同步及帧同步七个模块构成一个理想信道时分复用 2DPSK 通信系统并使之正常工作。根据实验结果,画出数据终端各测量点的波形图,注意对应关系。

② 用数字信源、数字终端、数字调制、2FSK 解调、位同步及帧同步六个模块构成一个理想信道时分复用 2FSK 通信系统并使之正常工作。根据实验结果,画出数据终端各测量点的波形图,注意对应关系。

六、预习要求

① 画出 2DPSK 系统七个模块全部信号连接图,用虚线标出手工接线。
② 画出 2FSK 系统六个模块全部信号连接图,用虚线标出手工接线。

七、思考题

① 做此实验时遇到过哪些问题？是如何解决的？
② 在 2DPSK 系统中,若不能正确传输两路数据,排除故障的最优步骤是什么？

第二章　信号与系统实验

一、实验课程简介

"信号与系统"是无线电技术、自动控制、生物医学电子工程、信号图像处理、空间技术等专业的一门重要的专业基础课,也是国内各院校相应专业的主干课程。

该课程核心的基本概念、基本理论和分析方法都非常重要,而且系统性、理论性很强,因此在学习本课程时,开设必要的实验课能帮助学生加深理解、深入掌握基本理论和分析方法,培养学生分析问题和解决问题的能力;能使抽象的概念和理论形象化、具体化以增强学习的兴趣。做好本课程的实验,是学好本课程的重要教学环节。

二、THKSS-A 型信号与系统实验箱

本课程所用到的实验箱为 THKSS-A 型信号与系统实验箱,该实验箱是专门为"信号与系统"这门课程配套设计的。它集实验模块、交流毫伏表、稳压源、信号源、频率计于一体,结构紧凑、性能稳定可靠、实验灵活方便,有利于培养学生的动手能力。

三、MATLAB 简介

MATLAB 是美国 MathWorks 公司推出的一种面向工程和科学计算的交互式计算软件。它以矩阵运算为基础,把计算、可视化、程序设计融合在一个简单易用的交互式工作环境中,是一款数据分析和处理功能都非常强大的工程实用软件。将 MATLAB 应用到信号与系统中,借助其强大的运算和图形显示功能,使学生可以在电脑上轻松地完成许多习题的演算和波形的绘制。

实验一　二阶网络函数的模拟

一、实验目的

① 掌握求解系统响应的一种方法——模拟解法。
② 研究系统参数变化对响应的影响。
③ 掌握用基本运算器模拟系统的微分方程的方法。

二、实验设备

信号与系统实验箱 THKSS-A,双踪示波器。

三、实验原理

为了求解系统的响应,需建立系统的微分方程,一些实际系统的微分方程可能是一个高阶方程或者是一个微分方程组,它们的求解是很费时间甚至是困难的。由于描述各种不同系统(如电系统、机械系统)的微分方程有惊人的相似之处,所以可以用电系统来模拟各种非电系统并进一步用基本运算单元获得该实际系统响应的模拟解。这种装置又称为"电子模拟计算机"。应用它能较快地求解系统的微分方程并能用示波器将求解结果显示出来。在初学这一方法时不妨以简单的二阶系统为例(本实验就是如此),其系统的微分方程为

$$y''+a_1 y'+a_0 y=x \tag{2.1}$$

方框图如图 2.1 所示。

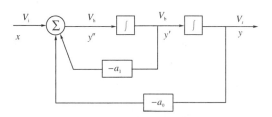

图 2.1 二阶网络函数的方框图

实验线路图如图 2.2 所示。

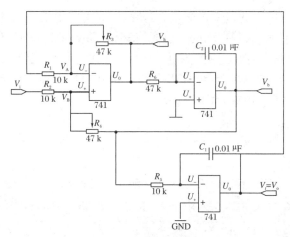

图 2.2 实验线路图

由模拟电路可得模拟方程为

$$\left(\frac{1}{R_2}+\frac{1}{R_4}\right)V_B-\frac{1}{R_2}V_i-\frac{1}{R_4}V_b=0 \tag{2.2}$$

$$\left(\frac{1}{R_1}+\frac{1}{R_3}\right)V_B-\frac{1}{R_1}V_i-\frac{1}{R_3}V_b=0$$

$$V_A=V_B$$

只要适当地选定模拟装置的元件参数,就可使模拟方程和实际系统的微分方程完全相同。

当 $R_1=10\text{ k}\Omega$, $R_2=10\text{ k}\Omega$, $R_3=30\text{ k}\Omega$, $R_4=30\text{ k}\Omega$ 时,

$$V_t=V_i+\frac{1}{3}V_b-\frac{1}{3}V_h \tag{2.3}$$

而

$$V_t=-\int\frac{1}{R_5C_1}V_b\text{d}t \tag{2.4}$$

所以

$$V_b=-10^{-4}V_t{}'$$

又

$$V_b=-\int\frac{1}{R_6C_2}V_h\text{d}t \tag{2.5}$$

则

$$V_h=-10^{-4}V_b{}'=10^{-8}V_t{}''$$

代入式(2.3)有

$$V_i=V_t+\frac{10^{-4}}{3}V_t{}'+\frac{10^{-8}}{3}V_t{}'' \tag{2.6}$$

实际系统响应的变化范围可能很大,持续时间可能很长,但是运算放大器输出电压是有一定限制的,大致在 10 V 之内。积分时间受 RC 元件数值限制也不能太长,因此要合理地选择变量的比例尺度 M_y 和时间的比例尺度 M_t,使得 $v^2=M_y y$, $t_m=M_t t$,式中 y 和 t 为实验系统方程中的变量和时间。在求解系统的微分方程时,需了解系统的初始状态 $v(0)$ 和 $y(0)$。

四、实验内容

1. 仿真实验

① 连接电路。用 EWB 软件按图 2.2 所示连接电路。

② 使 $R_3=R_4=30\text{ k}\Omega$,输入端的 V_i 接入频率为 100 Hz,幅度为 1 V 的正弦波,观察输出端 V_h, V_b, V_o 的波形,如图 2.3 所示。

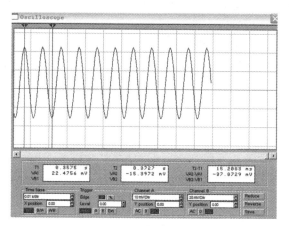

(a) V_h 的波形

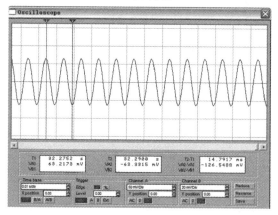

(b) V_b 的波形

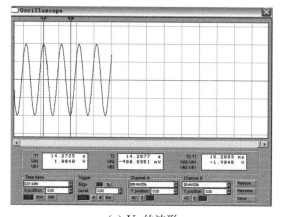

(c) V_o 的波形

图 2.3　$R_3 = R_4 = 30$ kΩ, $V_i = 100$ Hz, 幅度为 1 V 正弦波时 V_h, V_b, V_o 的波形

2. 硬件实验

① 列出实验电路的微分方程并求解。

② 将频率为 1 000 Hz,幅度为 0.89 V 的正弦信号接入电路的输入端,调节 R_3,R_4 为 30 kΩ,用示波器观察各测试点的波形并记录结果。

五、实验报告

① 绘出所观察到的各种模拟响应的波形,对经过基本运算器前后的波形进行对比,分析参数变化对运算器输出波形的影响。

② 归纳和总结用基本运算单元求解系统时域响应的要点。

③ 总结实验的收获体会。

六、预习要求

如图 2.2 所示,当 $R_1=10$ kΩ,$R_2=10$ kΩ,$R_3=30$ kΩ,$R_4=30$ kΩ 时,若 $V_o=\sin(2\,000\pi t)$V,求 V_t,V_h,V_b。

七、思考题

① 一物理系统如图 2.4 所示,弹簧的劲度系数 $k=100$ N/(m·kg),物体离开静止位置距离为 y 且 $y_0=1$ cm,列出 y 变化的方程式。(提示:用 $F=ma$ 列方程)

② 拟定求得上述方程模拟解的实验电路和比例尺。

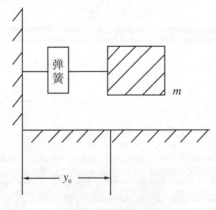

图 2.4 物理系统

实验二　电信号的分解与合成

一、实验目的

① 同时分析法观测方波信号的频谱并与方波的傅里叶级数各项的频谱与系数作比较。

② 观测基波和各次谐波分量的合成波形。

二、实验设备

信号与系统实验箱 THKSS-A,双踪示波器。

三、实验原理

任何电信号都是由各种不同频率、幅度和初相的正弦波叠加而成的。对于周期信号,由它的傅里叶级数展开式可知,各次谐波为基波频率的整数倍。而非周期信号包含了从零到无穷大的所有频率成分,每一频率成分的幅度均趋向无限小,但其相对大小是不同的。

通过一个选频网络可以将电信号中所包含的某一频率成分提取出来。本实验采用最简单的选频网络,即一个 LC 谐振回路。对周期信号波形分解的实验方案如图 2.5 所示。

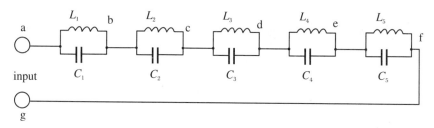

图 2.5　方波信号的分解

将被测方波信号加到分别调谐于其基波和各次奇谐波频率的一系列并联谐振回路串联而成的电路上。从每一谐振回路两端可以用示波器观察到相应频率的正弦波。若有一个谐振回路既不谐振于基波又不谐振于谐波,则观察不到波形。本实验所用的被测信号是 50 Hz 的方波,由傅里叶级数展开式可知,L_1C_1 谐振于 50 Hz,L_3C_3 谐振于 150 Hz,L_5C_5 谐振于 250 Hz,L_7C_7 谐振于 350 Hz,L_9C_9 谐振于 450 Hz,则一定能从各谐振回路两端观察到基波和各奇次谐波。在理想情况下,各次谐波幅度比例为 $1:\frac{1}{3}:\frac{1}{5}:\frac{1}{7}:\frac{1}{9}$。

四、实验内容

1. 仿真实验

周期方波脉冲信号,其幅度为 1 V,脉冲宽度(占空比)$duty=1/2$,周期 $T=5$ s。编写 MATLAB 源程序,绘制方波脉冲及其单边幅度谱,如图 2.6 所示。

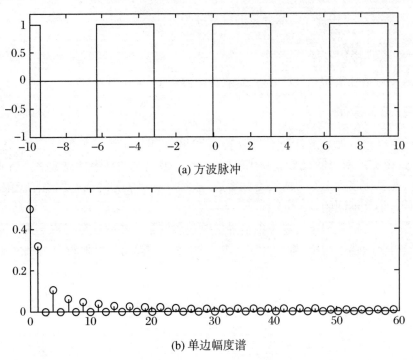

图 2.6　方波脉冲及其单边幅度谱

2. 硬件实验

① 调节信号源,使其输出 50 Hz 左右的方波;然后,将其接至该实验模块的输入端,细调信号源的输出,使 50 Hz(基波)的 BPF 模块有最大的输出;最后,将各带通滤波器的输出分别接至示波器,观测各次谐波的频率和幅度并记录结果。

② 将方波分解所得的基波和三次谐波分量接至加法器的相应输入端,观测加法器的输出波形并记录所得的波形。

③ 再将五次谐波分量加到加法器的相应输入端,观察叠加后的波形并记录结果。

五、实验报告

① 根据实验所得数据计算方波信号各次谐波分量的幅度比及谐振频率比并与理论值进行比较,计算其误差。
② 分析误差产生的原因。
③ 总结实验心得及体会。

六、预习要求

认真预习教材中关于周期性信号傅里叶级数分解的有关内容,观察正弦波、方波、三角波、矩形波等各种波形傅里叶级数展开的形式并比较它们各次谐波幅度比的不同。

七、思考题

① 什么样的周期性函数没有直流分量和余弦分量?
② 分析理论合成的波形与实验观测到的合成波形之间误差产生的原因。

实验三 利用频谱分析仪分析频谱

一、实验目的

① 了解频谱分析仪的工作原理。
② 学会用频谱分析仪分析信号的频谱。

二、实验设备

频谱分析仪,信号发生器,示波器。

三、实验原理

一般周期性信号的振幅谱特性为:一是离散性,即频谱由不连续的线条组成;二是谐波性,即频谱只出现在基波频率的整数倍频率上;三是收敛性,即各条谱线的幅度随着谐波次数的增高而逐渐减小。

① 三角波:

$$f(t) = \frac{4E}{\pi^2}\left(\cos\omega_0 t + \frac{1}{3^2}\cos\omega_0 t + \cdots\right) \tag{2.7}$$

幅度谱:

$$|F_n| = \frac{2E}{\pi^2 n^2} \tag{2.8}$$

② 方波:

$$f(t) = \frac{2E}{\pi}\left(\cos \omega_0 t - \frac{1}{3}\cos \omega_0 t + \cdots\right) \tag{2.9}$$

幅度谱:

$$|F_n| = \left|\frac{E}{\pi n}\right| \tag{2.10}$$

四、实验内容

1. 仿真实验

① 周期方波脉冲信号,其幅度为 1 V,脉冲宽度(占空比)$duty=1/2$,周期 $T=5$ s。其对应的波形及频谱图如实验二中的图 2.6 所示。

② 周期三角波脉冲,周期 $T=5$ s,其幅度为 1 V。绘制三角波脉冲及其单边幅度谱,如图 2.7 所示。

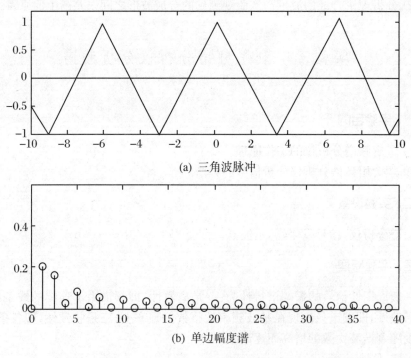

(a) 三角波脉冲

(b) 单边幅度谱

图 2.7 周期 $T=5$ s,$duty=0.5$ 的三角波脉冲及单边幅度谱

2. 硬件实验

将峰值为 0.1 V,频率分别为 1 MHz,2 MHz,5 MHz 的正弦波、三角波和方波依次送入示波器,观察波形后输入频谱分析仪,观察各谐波位置,确定三角波和方波谐波间的幅度关系。

五、实验报告

① 根据实验数据计算三角波、方波各次谐波间的幅度关系并与理论值进行比较,计算其误差。

② 分析误差产生的原因。

③ 总结实验心得及体会。

六、预习要求

① 利用功率关系所确定的电平可以称为功率电平(需要计量的功率值和功率为 1 mW 的零电平功率比较),用数学表达式描述就是

$$P_m = 10\lg(P/1) \ (dB_m)$$

式中,P_m 代表功率电平;P 代表需要计量的绝对功率值,单位为毫瓦(mW),零电平功率为 1 mW;dB_m 表示以 1 mW 为基准的功率电平的分贝数。

若测得信号的功率电平,需要换算为对应的电压,利用 $P = 2V/R$(单位为 mW),或者若以瓦为单位,公式为

$$P(\omega) = 10\lg\left(\frac{x^2}{50} + 1\,000\right) = 10\lg\frac{x^2}{50} + 30 = \left(10\lg\frac{x^2}{R} + 30\right) \ (dB_m) \quad (2.11)$$

式中,x 单位为伏,R 单位为欧姆。

② 认真预习教材中关于周期性信号傅里叶级数分解的有关内容,观察正弦波、方波和三角波傅里叶级数展开的形式并比较它们各次谐波幅度比的不同。

七、思考题

① 为什么正弦波仅有奇次谐波分量,而方波和三角波有其他奇次谐波分量?

② 为什么方波和三角波无偶次谐波分量?

实验四 抽样定理

一、实验目的

① 了解电信号的采样方法与过程以及信号恢复的方法。
② 验证抽样定理。

二、实验设备

信号与系统实验箱 THKSS-A，双踪示波器。

三、实验原理

离散时间信号可以从离散信号源获得，也可以从连续时间信号抽样获得。抽样信号 f_s 可以看成连续信号 $f(t)$ 和一组开关函数 $s(t)$ 的乘积。$s(t)$ 是一组周期性窄脉冲，如图 2.8 所示，T_s 称为抽样周期，其倒数 $f_s = 1/T_s$ 称为抽样频率。

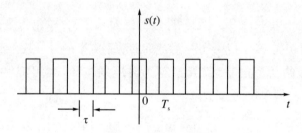

图 2.8 矩形抽样脉冲

对抽样信号进行傅里叶分析可知，抽样信号的频率包括了原连续信号以及无限个经过平移的原信号频率。平移的频率等于抽样频率 f_s 及其谐波频率 $2f_s$，$3f_s$，$4f_s$。当抽样信号是周期性窄脉冲时，平移后的频率幅度按 $\dfrac{\sin x}{x}$ 规律衰减。抽样信号的频谱是原信号频谱周期的延拓，它占有的频带要比原信号频谱宽得多。

正如测得了足够的实验数据以后，我们可在坐标纸上把一系列数据点连起来，如得到一条光滑的曲线一样，抽样信号在一定条件下也可以恢复到原信号。用一截止频率等于原信号频谱中最高频率 f_h 的低通滤波器滤除高频分量，经滤波后得到的信号包含了原信号频谱的全部内容，故经低通滤波器输出可以得到恢复后的原信号。

由于原信号得以恢复的条件是 $f_s \geqslant 2B$,其中 B 为原信号占有的频带宽度。而 $f_{min} = 2B$ 为最低抽样频率,又称"奈奎斯特抽样率"。当 $f_s < 2B$ 时,抽样信号的频谱会发生混叠,从发生混叠后的频谱中我们无法用低通滤波器获得原信号频谱的全部内容。在实际使用中,仅包含有限频率的信号是极少的,因此即使 $f_s = 2B$,恢复后的信号失真还是难免的。图 2.9 画出了当抽样频率 $f_s > 2B$(不混叠时)及 $f_s < 2B$(混叠时)两种情况下冲激抽样信号的频谱。

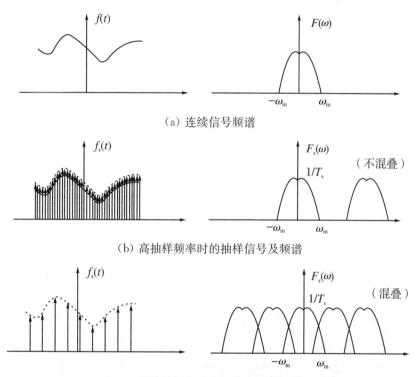

图 2.9 冲激抽样信号的频谱

实验中选用 $f_s > 2B, f_s = 2B, f_s < 2B$ 三种抽样频率对连续信号进行抽样,以验证抽样定理——要使信号采样后能不失真地还原,抽样频率 f_s 必须大于信号频率中最高频率的两倍。

为了实现对连续信号的抽样和抽样信号的复原,可用如图 2.10 所示的方案。除选用足够高的抽样频率外,常采用前置低通滤波器来防止原信号频谱过宽而造成抽样后信号频谱的混叠。但这也会造成失真。如果实验选用的信号频带较窄,则可不设前置低通滤波器。本实验就是如此。

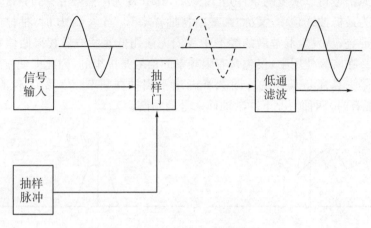

图 2.10　抽样定理实验方框图

四、实验内容

1. 仿真实验

① 用 MATLAB 产生连续信号 $y=\sin t$ 和其对应的频谱，如图 2.11 所示。

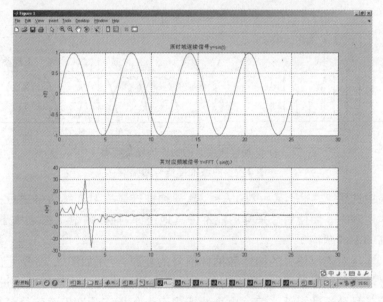

图 2.11　$\sin t$ 及其频谱图

② 对连续信号 $y=\sin t$ 进行不同频率的抽样并产生其频谱,如图 2.12 所示。

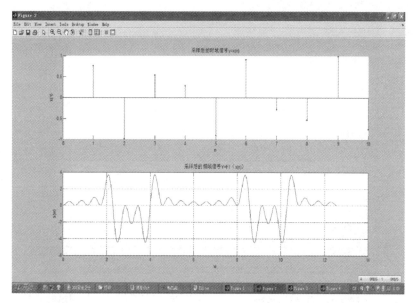

(a) 采样点 $n=10$ 时的结果

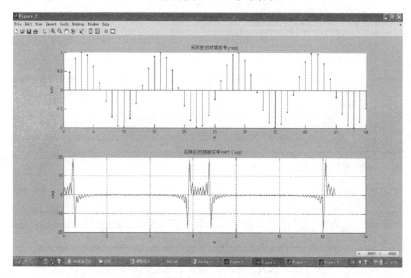

(b) 采样点 $n=50$ 时的结果

图 2.12 $\sin t$ 采样后的时域信号及频谱图

③ 通过低通滤波恢复原连续信号,如图 2.13 所示。

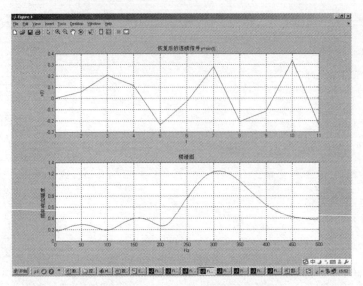

(a) 采样点 $n=10$ 采样后恢复的结果

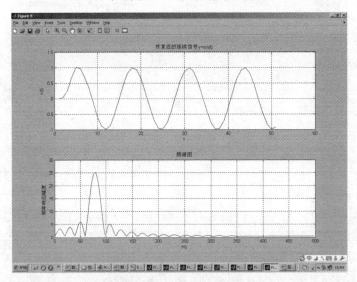

(b) 采样点 $n=50$ 采样后恢复的结果

图 2.13　不同采样点下恢复的原连续信号

2. 硬件实验

① 将频率为 150 Hz 的正弦波 $f(t)$ 和抽样脉冲 $s(t)$ 送入抽样器,改变抽样频率使 $f_s \geqslant 2B$ 和 $f_s < 2B$,观察复原后的信号,比较其失真程度。

② 用同样的方法观察三角波和方波经抽样与复原后的信号。

五、实验报告

① 根据实验所得数据总结无失真恢复正弦波、三角波和方波的最低抽样频率,并与理论值进行比较,分析两者不同的原因。

② 总结实验心得及体会。

六、预习要求

① 连续时间信号为 50 Hz 的正弦波,开关函数为 $T_s=0.5$ ms 的窄脉冲,试求其抽样信号。

② 设计一个二阶 RC 低通滤波器,截止频率为 5 kHz。

七、思考题

三角波抽样后经过低通滤波器为什么不能完全无失真地恢复成三角波,而是恢复成频率等于三角波频率的正弦波?

实验五 无源和有源滤波器

一、实验目的

① 了解 RC 无源和有源滤波器的种类、基本结构及其特性。
② 对比研究无源和有源滤波器的滤波特性。
③ 学会列写无源和有源滤波器网络函数的方法。

二、实验设备

信号与系统实验箱 THKSS-A,双踪示波器,信号发生器。

三、实验原理

滤波器是对输入信号的频率具有选择性的一个二端口网络,它允许某些频率(通常是某个频带范围)的信号通过,而其他频率的信号衰减或被抑制。这些网络可以是由 RLC 元件或 RC 元件构成的无源滤波器,也可以是由 LC 元件和有源器件构成的有源滤波器。

根据幅频特性(图 2.14)所表示的通过或阻止信号频率范围的不同,滤波器可分为低通滤波器(LPF)、高通滤波器(HPF)、带通滤波器(BPF)和带阻滤波器

(BEF)四种。我们把能够通过信号的频率范围定义为通带,把阻止通过或衰减信号的频率范围定义为阻带。而通带与阻带的分界点的频率 f_c 称为截止频率或者转折频率。

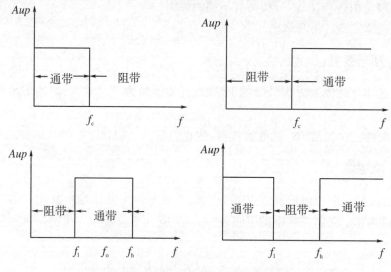

图 2.14　各种滤波器的理想幅频特性

图 2.14 中的 A_{up} 为通带的电压放大倍数,f_o 为中心频率,f_l 和 f_h 分别为低端截止频率和高端截止频率。四种无源滤波器和三种有源滤波器的实验线路分别如图 2.15 和图 2.16 所示。

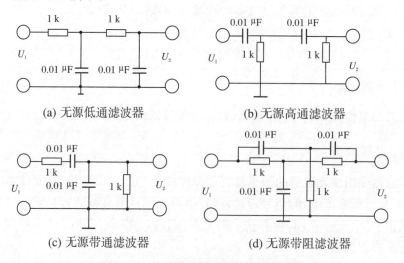

图 2.15　四种无源滤波器的实验线路图

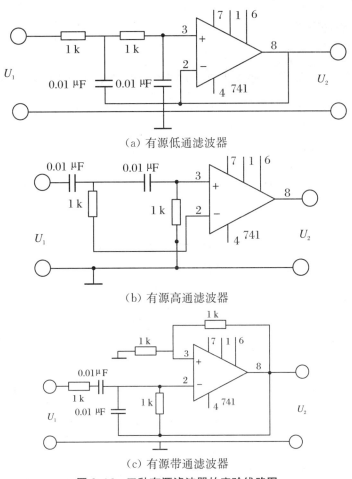

(a) 有源低通滤波器

(b) 有源高通滤波器

(c) 有源带通滤波器

图 2.16　三种有源滤波器的实验线路图

图 2.17 所示的滤波器的网络函数 $H(j\omega)$ 为

$$H(j\omega)=\frac{U_2}{U_1}=A(\omega)\theta(\omega)$$

上式又称为传递函数,它反映了滤波器的幅频和相频特征。可以通过实验方法来测量滤波器的上述幅频特性 $A(\omega)$。

图 2.17　滤波器

四、实验内容

1. 仿真实验

① 用MATLAB分析低通滤波器的频率特性,如图2.18所示。

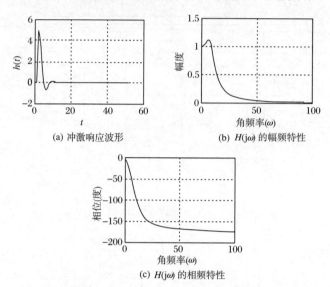

图2.18 低通滤波器时域冲激响应波形、频域内幅频特性、相频特性

② 用MATLAB分析高通滤波器的频率特性,如图2.19所示。

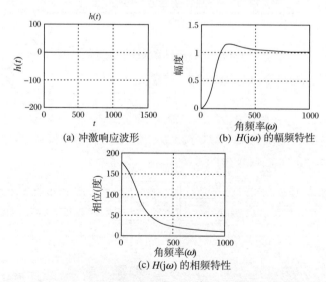

图2.19 高通滤波器时域冲激响应波形、频域内幅频特性、相频特性

③ 用 MATLAB 分析带通滤波器的频率特性,如图 2.20 所示。

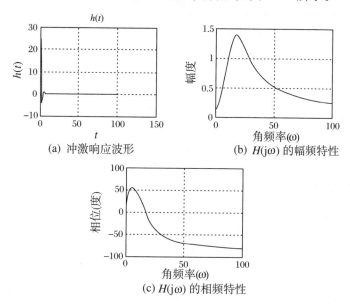

图 2.20 带通滤波器时域冲激响应波形、频域内幅频特性、相频特性

2. 硬件实验

① 用信号源和示波器(或交流数字电压表)从总体上先观察各类滤波器的滤波特性。先将滤波器的输入口接信号源的输出口,再将滤波器的输出口接示波器或交流数字电压表。

② 测试无源低通滤波器的幅频特性。测试 RC 无源低通滤波器的幅频特性。实验线路如图 2.21 所示。

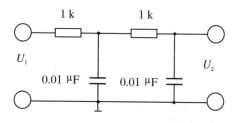

图 2.21 RC 无源低通滤波器

实验时,必须在保持正弦波信号输入电压 U_1 不变的情况下,逐渐改变其输出频率,用交流数字电压表($f <$ 200 Hz)测量 RC 滤波器输出端的电压 U_2。当改变信号源频率时,都必须观测一下 U_1 是否保持稳定,数据如有改变应及时调整,将测

量数据记入表2.1中。

表 2.1　实验数据记录表

f(Hz)	$\omega_0 = 1/RC$	$f_0 = \omega_0/2\pi$
U_1(V)	(rad/s)	(rad/s)
U_2(V)		

③ 分别测试无源 HPF,有源 BPF 的幅频特性。实验步骤、数据记录表格及实验内容自行拟定。

④ 研究各滤波器对方波信号或其他非正弦信号输入的响应(选做,实验步骤自拟)。

五、实验报告

① 根据实验所得数据绘出所测各滤波器的幅频特性曲线。
② 总结实验心得及体会。

六、预习要求

① 为使实验能顺利进行,要求课前对教材和实验原理、内容、步骤、方法要作充分预习并预测实验的结果。
② 推导各类无源和有源滤波器的网络函数,进一步掌握含有运算放大器电路的分析方法。

七、思考题

① 在实验测量过程中,为什么必须始终保持正弦波信号源的输出(即滤波器的输入)电压 U_1 不变且输入信号变化幅度不宜过大。
② 试比较有源滤波器和无源滤波器各自的优缺点。

实验六　二阶网络状态轨迹的显示

一、实验目的

① 观察 RLC 电路的状态轨迹。
② 掌握一种同时观察两个无公共接地端电信号的方法。

二、实验设备

信号与系统实验箱 THKSS-A,双踪示波器。

三、实验原理

任何变化的物理过程在每一时刻所处的状态都可以概括地用若干被称为"状态变量"的物理量来描述,如一辆汽车可以用它在不同时刻的运动速度和加速度来描述它是处于停止状态、加速状态还是匀速运动状态;一杯水可以用它的温度来描述它是处于结冰的固态还是处于沸腾的开水状态。这里速度、加速度和温度都可以称为状态参量。由于物体所具有的动能等于 $mv^2/2$,而物体具有的热量等于 $mc(t_2-t_1)$,所以我们常将与物体储能直接有关的物理量作为状态变量。

电路也不例外,一个动态网络在不同时刻各支路电压所处的状态也都不相同。在所有六种可能的变量($V_C, I_C, V_L, I_L, V_R, I_R$)中,由于电容的储能为 $C_iC_2/2$,电感的储能为 $L_iL_2/2$,所以选电容的电压和电感的电流作为电路的状态变量。了解了电路中 V_C 和 I_L 的变化就可以了解电路状态的变化。

状态变量较确切的定义是能描述系统动态特性组最少量的数据。对一个网络来说,若选择全部电容的电压和电感的电流作为状态变量,那么根据这些状态变量和激励,就可确定网络中任一支路的电压和电流。但在一个网络中若存在三个电容构成一个回路,则只有两个电容的电压可选作状态变量。若有三个电感共一节点,则只有其中两个电感的电流可选作状态变量。

对 n 阶网络应该用 n 个状态变量来描述。可以设想一个 n 维空间,每一维表示一个状态变量,构成一个状态空间。随着时间的变化,点的移动形成一个轨迹,称为状态轨迹。电路参数不同,则状态轨迹也不相同。对三维网络状态空间可用一个三维空间来表达,而二阶网络可以用一个平面来表达,如图 2.22、图 2.23 和图 2.24 所示。

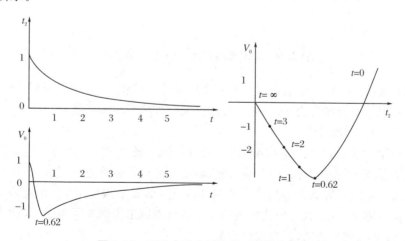

图 2.22 RLC 电路在过阻尼时的状态轨迹

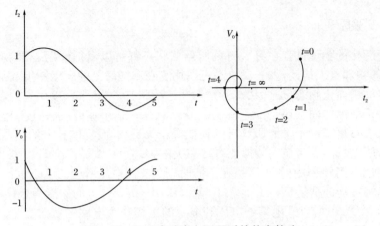

图 2.23　RLC 电路在欠阻尼时的状态轨迹

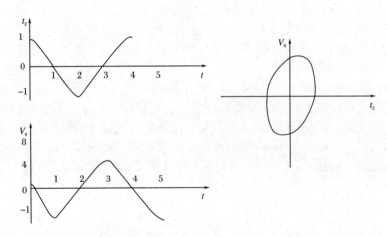

图 2.24　RLC 电路在 $R=0$ 时的状态轨迹

状态变量是一些与储能直接有关的物理量,因为能量是不能突变的,所以状态变量一般也是不能突变的(除非能与可提供无穷大功率的理想能源相接)。因而状态轨迹是一片连续的曲线。

用双踪示波器显示二阶网络状态轨迹的原理与显示李萨如图形完全一样。它采用如图 2.25 所示的电路,用方波作激励,使过渡过程能重复出现,以便用一般示波器观察。示波器的 X 轴应接 V_R,它与 I_L 成正比,而 Y 轴应接 V_C,但这两个电压不是对同一零电位点的(无公共接地端),这就给测试工作带来了困难,为此采用一如图 2.26 所示的减法器,其输出电压为

$$V_0 = \frac{R_2(V_2 - V_1)}{R_1}$$

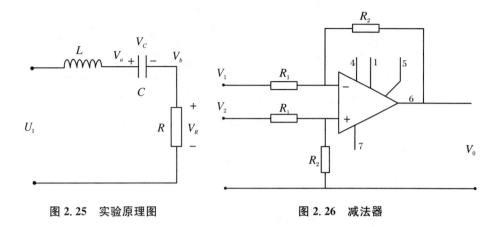

图 2.25 实验原理图　　　　　图 2.26 减法器

若将 V_a，V_b 分别接至 V_2，V_1 处，则减法器输出 V_0 为 $V_a-V_b=V_C$（即电容两端电压），该电压与 V_R 有公共接地端，从而使状态轨迹的观察成为可能。

在 THKSS-B 型与 THKSS-C 型实验箱中，观察该状态轨迹则是采用一种简易的方法，如实验图 2.27 所示，由于电阻 R 阻值很小，在 b 点电压仍表现为容性，因此电容两端电压分别引到示波器 X 轴和 Y 轴仍能显示电路的状态轨迹。

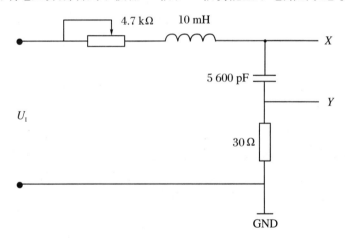

图 2.27 实验电路图

四、实验内容

1. 仿真实验

用 MATLAB 分析 RLC 电路参数变化时，四种情况下 RLC 电路的状态轨迹如图 2.28 所示。

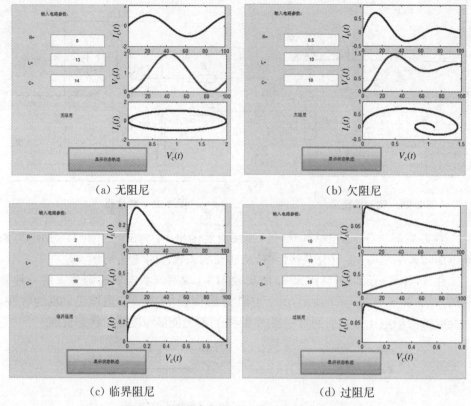

图 2.28　不同参数下 RLC 电路的状态轨迹图

2. 硬件实验

① 按照图 2.28 所示来连接电路,使输入端输入频率为 1 kHz,幅度为 1 V 的方波,用示波器观察过阻尼和欠阻尼状态下电容 C 和 30 Ω 电阻两端电压的波形并用示波器观察其状态轨迹,画出对应的状态轨迹图并记录相应的数据。

② 调节电路中元件参数,获得非振荡情况和临界情况的状态轨迹,使之能观察到预期的状态轨迹。

五、实验报告

① 分析实验数据,说明按照图 2.27 所示的连接方法是否可以显示出过阻尼和欠阻尼对应的状态轨迹图。

② 总结实验心得及体会。

六、预习要求

① 简述用示波器显示李萨如图形的原理及示波器的连接方法。

② 哪些是实验线路图 2.27 所示电路的状态变量？在不同电阻值时相应的状态轨迹大致形状如何？

③ 观察状态轨迹时,示波器与电路应如何连接？

七、思考题

为什么状态轨迹能表征系统瞬态响应的特征？

第三章 数字信号处理实验

一、实验课程简介

数字信号处理（DSP）是学生在学完了信号与系统的课程后，进一步为学习专业知识打基础的课程。数字信号处理实验是它的实践性教学环节，利用计算机或专用处理设备以数值计算的方法对信号进行采集、变换、综合、估值与识别等加工处理，以便提取信息。

通过数字信号处理系统结构和编程、序列卷积计算、模/数采样、用 FFT 计算序列频谱、IIR 滤波器设计和 FIR 滤波器设计等六个实验项目，使学生理论结合实践，提高计算机操作能力、分析能力、软件设计能力，由浅入深地掌握信号处理理论与工具开发，打牢信号处理软件开发与制作的基础，为今后应用 DSP 技术解决实际工作中的问题打下良好的理论和实践基础。

二、SEED-DTK5502 型实验箱

SEED-DTK5502 型实验箱是北京合众达电子技术有限责任公司生产的，具有模块化、开放性的特点。

DSP 开发系统的组成和结构，连接 DSP 仿真器和计算机等硬件装备，配合代码调试器（CCS）应用软件可以完成各种数字信号处理实验。DSP 仿真器完全采用 USB 标准接口连接计算机，完全即插即用，支持 Windows 操作系统，支持 CCS 集成开发环境。CCS 是一种针对 TI 的 DSP、微控制器和应用处理器的集成开发环境，包括一套用于开发和调试嵌入式应用程序的工具，提供单一的用户界面和基本的代码生成工具，具有一系列调试、分析能力。

三、MATLAB 简介

MATLAB（Matrix Laboratory）软件是 MathWorks 公司开发的用于科学计算的软件，在数字信号处理课程中，采用 MATLAB 软件可以完成信号的产生、卷积计算、频谱分析和滤波等。

实验一 数字信号处理系统结构和编程

一、实验目的

① 学习 C 语言的编程。
② 掌握在 CCS 环境下的 C 语言程序设计方法。
③ 学会使用 C 语言和汇编语言混合编程。
④ 熟悉用 C 语言开发 DSP 程序的流程。

二、实验设备

计算机,CCS 软件,软件仿真器 C54x Simulator(Texas Instruments)。

三、实验原理

数字波形信号发生器是利用微处理芯片,通过软件编程和数/模(D/A)转换,产生所需要信号波形的一种发生器。在通信、仪器和控制等领域的信号处理系统中,经常会用到数字正弦发生器。

一般情况,产生正弦波的方法有两种:

① 查表法。此种方法用于对精度要求不是很高的场合。如果对精度要求高,表就要很大,相应的存储器容量也要很大。

② 泰勒级数展开法。这是一种更为有效的方法。与查表法相比,需要的存储容量较小,而且精度高。例如,一个角度为 θ 的正弦或余弦函数,可以展开成泰勒级数,取前五项进行近似,得

$$\sin\theta = x - \frac{x^3}{3!} + \frac{x^5}{5!} - \frac{x^7}{7!} + \frac{x^9}{9!} = x\left(1 - \frac{x^2}{2\cdot 3}\left(1 - \frac{x^2}{4\cdot 5}\left(1 - \frac{x^2}{6\cdot 7}\left(1 - \frac{x^2}{8\cdot 9}\right)\right)\right)\right)$$

$$\cos\theta = 1 - \frac{x^2}{2!} + \frac{x^4}{4!} - \frac{x^6}{6!} + \frac{x^8}{8!} = 1 - \frac{x^2}{2}\left(1 - \frac{x^2}{3\cdot 4}\left(1 - \frac{x^2}{5\cdot 6}\left(1 - \frac{x^2}{7\cdot 8}\right)\right)\right)$$

其中,x 为 θ 的弧度值。

本实验用泰勒级数展开产生一正弦波,并通过 D/A 输出。

四、实验内容及步骤

1. 仿真实验

使用 MATLAB 产生一组正弦波。使用 MATLAB 语句如下:

n=[0:1:31]
x=sin(2*pi*n/16)
plot(n,x)

仿真结果如图 3.1 所示。

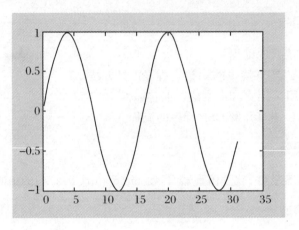

图 3.1　正弦波形图

2. 硬件实验

完成一个工程实例的载入、编译、链接、目标文件的生成、下载、运行的过程。

① 打开 Setup CCStudio v3.3 软件,选择 C54x Simulator (Texas Instruments)软件模拟器,点击 Add 按钮,添加 C54x Simulator(Texas Instruments)软件模拟器到系统,如图 3.2 所示。

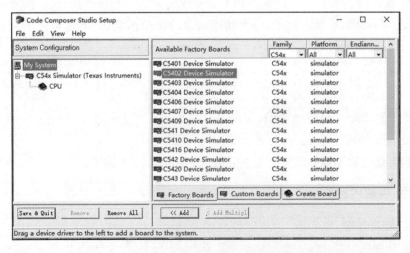

图 3.2　添加 C54x Simulator(Texas Instruments)软件模拟器到系统

② 保存并退出。

③ 打开 CCS 软件，点击菜单 Projects 的菜单 Open，打开工程文件 ex03.pjt，如图 3.3 所示。

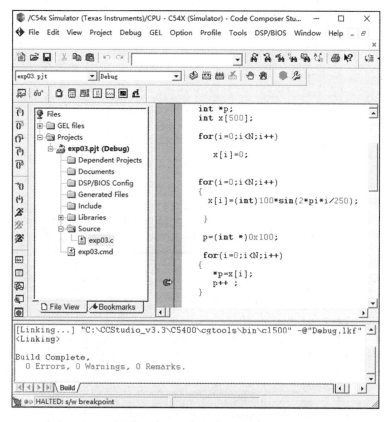

图 3.3　ex03 工程文件源程序

④ 点击 Source 文件夹的 ex03.c 文件，在 p++ 处设置断点。编译文件，生成 ex03.out 文件。

⑤ 点击 Files 菜单的 Load Program 加载 ex03.out 文件。点击 Animate 按钮。

⑥ 用 View/Graph/Time/Frequency 打开一个图形观察窗口，设置该口变量及参数：观察变量为 x，长度为 500，数值类型为 16 位有符号整型变量。如图 3.4 所示。

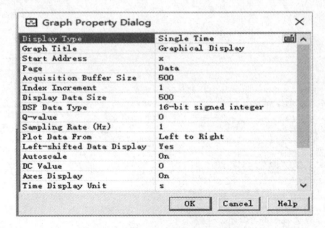

图 3.4　正弦波图形观察窗口

⑦ 观察到的波形如图 3.5 所示。

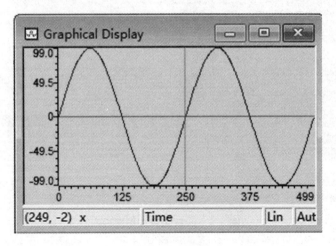

图 3.5　正弦波形

五、实验报告

① 完成嵌套循环的延时子程序框图。
② 记录实验结果。

六、预习要求

① 复习在 CCS 环境下的 C 语言程序设计方法。
② 使用 C 语言编写 CCS 环境下的正弦波产生程序。

③ 使用 MATLAB 产生正弦波。

七、思考题

请写出 TMS320C5402 软件模拟器的配置过程。

实验二　序列卷积计算

一、实验目的

① 掌握序列卷积计算的原理和方法。
② 了解序列卷积算法特性。

二、实验设备

计算机，CCS 软件，DSP 仿真器。

三、实验原理

1. 线性卷积的定义

在数字信号处理课程中，线性卷积是通过一个输入序列 $x(n)$ 和一个初始状态为零的线性时不变系统的输出 $y(n)=x(n)*h(n)$ 来引出的，线性卷积的计算式为

$$y_1(n) = \sum_{m=-\infty}^{+\infty} h(m)x(n-m) = \sum_{m=-\infty}^{+\infty} x(m)h(n-m) \qquad (3.1)$$

式中，$x(n-m)$ 或 $h(n-m)$ 是由序列 $x(m)$ 或 $h(m)$ 经过翻转右移 n 位后得到的序列。由此得线性卷积的计算步骤包括翻转、移位、相乘和求和。

① 翻转：在亚变量坐标 M 上作出 $x(m)$ 和 $h(m)$，以 $m=0$ 的垂直轴为轴翻转成 $h(-m)$。

② 移位：将 $h(-m)$ 移 n 位，即得 $h(n-m)$：当 n 为正整数时，右移 n 位；当 n 为负整数时，左移 n 位。

③ 相乘：将 $h(n-m)$ 和 $x(m)$ 的相同 m 值的对应点值相乘。

④ 求和：把以上所有对应点的乘积叠加起来，即得 $y(n)$ 值。

按照上面的方法，取 $n=-\infty,-2,-1,0,1,2,3,+\infty$ 各值，即得全部 $y(n)$ 值。

2. 线性卷积的计算方法

(1) 图解法

图解法主要用在坐标系上，要严格按照翻转、移位、相乘和求和四个步骤，计算线性卷积。采用图解法能比较直观地讲解线性卷积的计算过程，这是数字信号处

理教材中常采用的讲解方法。本实验采用该方法实现程序设计。

(2) 多项式法

多项式法是根据序列 $x(n)$ 和 $h(n)$ 构造多项式,序列 $x(n)$ 和 $h(n)$ 的元素作为多项式的系数。例如,根据序列 $x(n)=\{1,3,2\}$ 构造多项式 x^2+3x+2,根据序列 $h(n)=\{10,20\}$ 构造多项式 $10x+20$,把两个多项式相乘得 $(x^2+3x+2)*(10x+20)=10x^3+50x^2+80x+40$,这个多项式的系数构成的序列 $\{10,50,80,40\}$ 即为线性卷积的结果。

(3) 竖式法

竖式法是把序列 $x(n)$ 和 $h(n)$ 按照最后一位对齐,进行竖式乘法运算,但各个元素相乘后不进位。例如,序列 $x(n)=\{1,3,2\}$ 和 $h(n)=\{10,20\}$ 按照竖式法计算线性卷积,如图 3.6 所示,线性卷积计算结果为 $\{10,50,80,40\}$。

$$\begin{array}{r} 1\ \ 3\ \ 2 \\ 10\ \ 20 \\ \hline 20\ \ 60\ \ 40 \\ +\ \ 10\ \ 30\ \ 20\ \ \ \ \\ \hline 10\ \ 50\ \ 80\ \ 40 \end{array}$$

图 3.6 竖式法计算线性卷积

(4) 矩阵相乘法

当循环卷积的长度大于或等于线性卷积的长度时,就可以用循环卷积计算线性卷积。循环卷积先对序列进行补零、周期延拓、翻转,得到的序列 $x(((-m))_L)$ 为循环倒向序列 $x(L-m)$;然后对循环倒向序列进行循环右移 n 位,得到 $x(((n-m))_L)$,最后与 $h(m)$ 相乘并求和,得到 $y_c(n)$。由于相乘求和运算可由矩阵相乘代替,即由循环右移序列构成循环卷积矩阵,再与由 $h(m)$ 构成的一个列向量相乘,得到 $y_c(n)$。

【例 3.1】 求 $x(n)=\{1,3,2\}$ 和 $h(n)=\{10,20\}$ 序列的四个点的循环卷积。

解 循环倒向序列 $x(L-m)=\{1,0,2,3\}$,$h(m)=\{10,20,0,0\}$,由此得循环卷积为

$$\begin{bmatrix} 1 & 0 & 2 & 3 \\ 3 & 1 & 0 & 2 \\ 2 & 3 & 1 & 0 \\ 0 & 2 & 3 & 1 \end{bmatrix} \begin{bmatrix} 10 \\ 20 \\ 0 \\ 0 \end{bmatrix} = \begin{bmatrix} 10 \\ 50 \\ 80 \\ 40 \end{bmatrix}$$

即循环卷积结果为$\{10,50,80,40\}$。

采用矩阵相乘法计算循环卷积简单明了,因此在数字信号处理教材中大多以此方法为例来讲解循环卷积的计算。

四、实验内容及步骤

1. 仿真实验

① 采用MATLAB求两路正弦波的卷积。

② 程序见附录C,计算结果如图3.7所示。

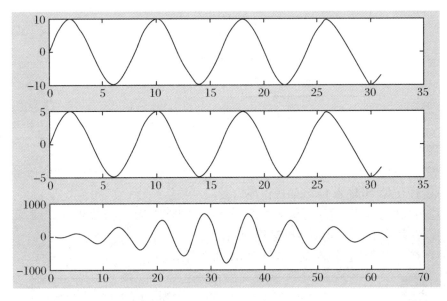

图 3.7 两路正弦波的卷积计算结果

2. 硬件实验

将不同输入信号(正弦波、方波)的卷积结果进行比较,加深对卷积应用的了解。

(1) 计算步骤

计算步骤如图3.8所示。

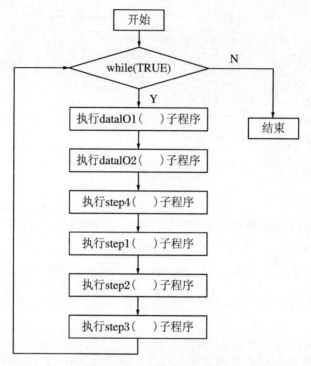

图 3.8 序列卷积计算步骤

图 3.8 中各个子程序含义见附录 C。

(2) 实验步骤

① 打开 CCS,进入 CCS 的操作环境。

② 装入 convolve.pjt 工程文件,添加 SEED_DEC5502.gel 文件。

③ 装载程序 convolve.out,进行调试。

④ 在主程序中设置断点和探针,如图 3.9 所示。

```
dataIO1();   // break point
dataIO2();   // break point
step4(input2,output1);
step1(output1, output2);
step2(output2, output3);
step3(input1,output2,output4) ;
}
```

图 3.9 设置断点和探针

⑤ 按以下步骤设置波形输入文件:

选择菜单 File/File I/O...,打开 File I/O 窗口,单击 Add File 按钮,在 File Input 窗口中选择工程目录下的 sine44.dat 文件,单击"打开"按钮,在 Address 项中输入 in1_buffer,在 Length 项中输入 64,在 Warp Around 项前加上选择标记,单击 Add Probe Point 按钮。在 Breakpoints/Profile Points 窗口中单击 Probe Point 列表中的 volume.c line52 No Connection,再单击 Connect 项尾部的展开按钮,在显示的展开式列表中选择列表末尾的 FILE IN:D:\…\SIN44.DAT,单击 Replace 按钮,单击"确定"按钮。在 File I/O 窗口中单击"确定",完成设置。同理输入文件 in2_buffer。

注:在 Breakpoints/Profile Points 窗口中单击 Probe Point 列表中的 volume.c line53 No Connection,再单击 Connect 项尾部的展开按钮。其他同上步骤。

⑥ 运行程序,观察结果。设置图形观察窗口。选择菜单 View/Graph/Time/Frequency...进行如图 3.10 所示的设置。

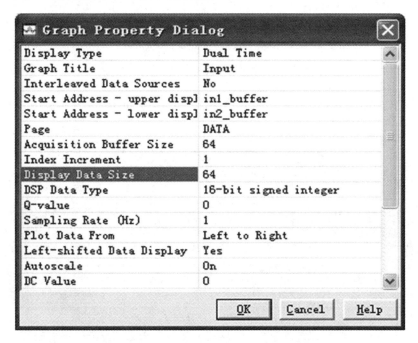

图 3.10 设置要显示的输入正弦波的参数

选择菜单 View/Graph/Time/Frequency...进行如图 3.11 所示的设置。

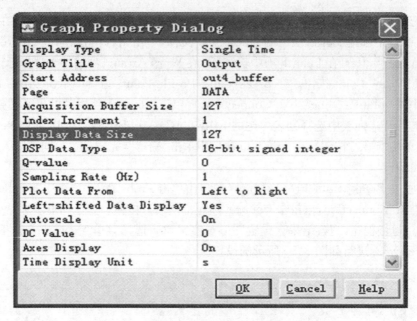

图 3.11 设置要显示的卷积计算结果的参数

卷积计算结果如图 3.12 所示。当输入波形均为 sin44.dat 时,得到的卷积时域图如图 3.13 所示。

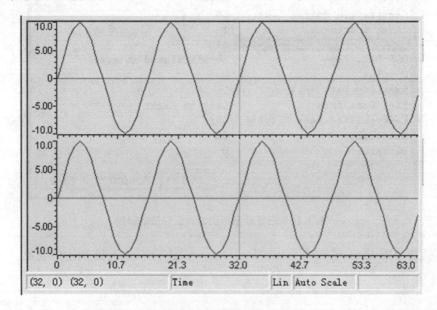

图 3.12 显示的输入正弦波

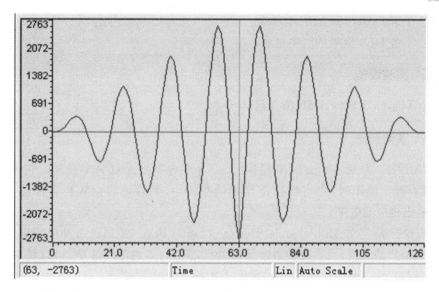

图 3.13 显示的卷积计算结果

五、实验报告

① 总结线性卷积的计算方法。
② 画出输入为两路正弦波时的卷积结果图。

六、预习要求

① 序列卷积的计算步骤。
② 编写求两路正弦波的卷积计算的 MATLAB 主程序。

七、思考题

简述采用循环卷积计算线性卷积的条件与方法。

实验三 模/数采样

一、实验目的

① 掌握运用 CODEC 芯片 TLV320AIC23B 进行模/数采集的原理。
② 了解 McBSP 的基本原理与设置。

③ 了解 DAC7724 的工作方式。

④ 了解 D/A 信号的产生过程。

二、实验设备

计算机,CCS 软件,DSP 仿真器。

三、实验原理

DAC7724 为 12 bit,±10 V 量程、±15 V 供电的并行 D/A 转换器。它内部有两个锁存器。操作时,先将数据锁存到锁存器中,然后再启动转换寄存器,这时 D/A 输出相应的电平。

McBSP 是英文 Multichannel Buffered Serial Port(多通道缓冲串行口)的缩写。McBSP 是 TI 公司生产的数字信号处理芯片的多通道缓冲串行口,是对标准同步串行口(Serial Port Interface,SPI)的扩展。

标准同步串行口由 16 位发送数据寄存器(DXR)、接收数据寄存器(DRR)、发送移位寄存器(XSR)、接收移位寄存器(RSR)及控制电路组成。

缓冲串行口(Buffered Serial Port,BSP)在标准同步串行口的基础上增加了一个自动缓冲单元(ABU)。BSP 是一种增强型标准串行口,它是全双工的,并有两个可设置大小的缓冲区。BSP 支持高速的传送,可减少中断服务的次数。

CPU 发送数据时,先将要发送的数据写到 DXR 上。若上一个字已被串行传送到串行发送数据信号(DX)引脚上,此时 XSR 是空的,可将 DXR 中的数据拷贝到 XSR。发送数据时,在帧同步信号(FSX)和时钟信号(CLKX)的作用下,将 XSR 中的数据送到 DX 引脚并输出。接收数据时,在 FSR 和 CLKR 的作用下,将来自串行数据信号(DR)引脚的数据先移位到 RSR,再从 RSR 拷贝至 DRR,CPU 从 DRR 中读取数据。

四、实验内容及步骤

① 将 DSP 仿真器与计算机连接好。

② 将 DSP 仿真器的 JTAG 插头与 SEED-DEC5502 单元的 J_1 相连接。

③ 打开 SEED-DTK5502 的电源,观察 SEED-DTK_MBoard 单元的 -5 V,$+3.3$ V,$+15$ V,-15 V 的电源指示灯及 SEED_DEC5502 的电源指示灯 D_2,D_4 是否均亮。若有不亮的,需断开并检查电源。

④ 用音频线连接 SEED-DTK_MBoard 单元的 J_{10} 接口与 SEED-DEC5502 单元的 J_5 接口。

⑤ A/D 采样,流程如图 3.14 所示。

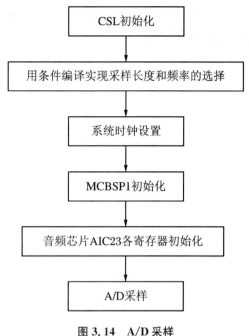

图 3.14　A/D 采样

⑥ 正弦波采样子程序如下：
　　for(i=0;i<SampleLong;i++)
　　{DataBuffer[i]=0;}
　　for(i=0;i<SampleLong;i++)
　　{while(！MCBSP_rrdy(hMcbsp)){ };
　　　　DataTempL=MCBSP_read16(hMcbsp);
　　　while(！MCBSP_rrdy(hMcbsp)){ };
　　　　DataTempR=MCBSP_read16(hMcbsp);
　　DataBuffer[i]=DataTempR;
　　}
　　while(1){ };

⑦ 在 while(1){ } 语句处设置断点。

⑧ 运行程序，程序停于断点处，选择菜单 View/Graph/Time/Frequency... 进行如图 3.15 所示的设置。

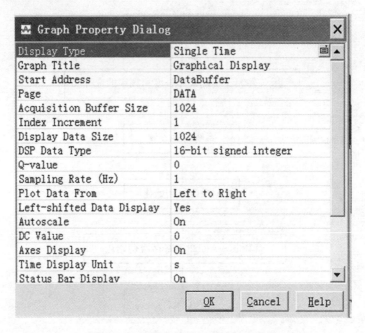

图 3.15　设置存储的正弦波数组参数

观察实验现象,如图 3.16 所示。

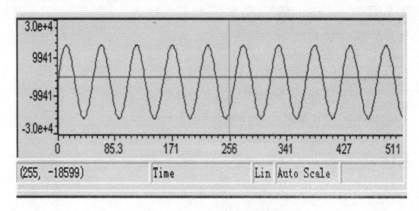

图 3.16　观察到的实验现象

五、实验报告

① 简述 A/D 采样的原理。
② 写出正弦波的时域采样过程。
③ 画出实验输出结果。

六、预习要求

① 复习时域采样定理的计算原理。
② 理解正弦波的振幅、频率与相位等各个参数的含义。

七、思考题

使时域采样信号不失真的条件是什么?

实验四 用 FFT 计算序列频谱

一、实验目的

① 加深对 DFT 算法原理和基本性质的理解。
② 掌握 FFT 算法原理和 FFT 子程序的应用。
③ 掌握用 FFT 对连续信号和时域信号进行谱分析的方法,了解可能出现的误差并分析其产生的原因,以便在实际中正确应用 FFT。

二、实验设备

计算机,CCS 软件,SEED-DTK5502 型实验箱,DSP 仿真器。

三、实验原理

1. 离散傅里叶变换(DFT)

时域的采样可变换成频域的周期性离散函数(周期离散信号谱),频域的采样也可以变换成时域的周期性离散函数,这样的变换称为离散傅里叶变换,简称 DFT。

对于连续信号,$x_a(t)$ 采样的序列为

$$x(n) = x_a(t)\Big|_{t=nT}$$

长度为 N 的序列 $x(n)$ 的频谱为

$$X(e^{j\omega}) = \sum_{n=-\infty}^{\infty} x(n) e^{-j\omega n}$$

$X(e^{j\omega})$ 是 ω 的连续函数。通过频域抽样将 $\omega = \frac{2\pi}{N}k$ 离散化,可得到

$$X(k) = X(e^{j\omega})\Big|_{\omega=\frac{2\pi}{N}k} = \sum_{n=0}^{N-1} x(n) W_N^{nk}, \quad k = 0, \cdots, N-1 \tag{3.2}$$

$X(k)$ 是 $X(e^{j\omega})$ 在 $[0,2\pi]$ 区间上的 N 个等间隔采样点,即长度为 N 的序列 $x(n)$ 的离散傅里叶变换;$W_N = e^{-j\frac{2\pi}{N}}$ 是旋转因子(N 点)。

将上述 DFT 运算写成矩阵形式:

$$\begin{Bmatrix} X(0) \\ X(1) \\ X(2) \\ \vdots \\ X(N-1) \end{Bmatrix} = \begin{Bmatrix} W^{0\times 0} & W^{0\times 1} & W^{0\times 2} & \cdots & W^{0\times(N-1)} \\ W^{1\times 0} & W^{1\times 1} & W^{1\times 2} & \cdots & W^{1\times(N-1)} \\ W^{2\times 0} & W^{2\times 1} & W^{2\times 2} & \cdots & W^{2\times(N-1)} \\ \vdots & \vdots & \vdots & & \vdots \\ W^{(N-1)\times 0} & W^{(N-1)\times 1} & W^{(N-1)\times 2} & \cdots & W^{(N-1)\times(N-1)} \end{Bmatrix} \times \begin{Bmatrix} x(0) \\ x(1) \\ x(2) \\ \vdots \\ x(N-1) \end{Bmatrix}$$

(3.3)

每一个点的 DFT 变换需要 N 次复乘和 $N-1$ 次复加,因此 N 个点 DFT 变换大约就需要 N^2 次运算。计算量大,需要相当大的内存,难以实现实时处理。

2. 快速傅里叶变换(FFT)

FFT 算法是 DFT 的一种快速算法,将 DFT 的 N^2 步减少为 $(N/2)\log_2 N$ 步,极大地提高了运算的速度。

(1) FFT 的原理

在 FFT 中,利用 W_N^{nk} 的周期性和对称性,将 N 点的 DFT 分解为两个 $N/2$ 点的 DFT,每个 $N/2$ 点的 DFT 又分解为两个 $N/4$ 点的 DFT,我们按照这种"一分为二"的思想不断进行下去,直到最后全部为一系列两点 DFT 运算单元,这样 N 点的 DFT 变换就只需要 $N\log_2 N$ 次的运算。当需要进行变换的序列的长度不是 2 的整数次方的时候,为了使用以 2 为基的 FFT,可以用末尾补 0 的方法,使其长度延长至 2 的整数次方。

FFT 算法包括时间抽取法(DIT-FFT)和频率抽取法(DIF-FFT)两种。两种算法的计算量是相同的。在本实验中实现的是频率抽选的基 2-FFT 算法。

(2) FFT 的特性

频域抽取的基 2-FFT 算法 $W_N^{nk} = e^{-j\frac{2\pi}{N}nk}$ 具有以下特性:

周期性:$W_N^{nk} = W_N^{n(k+N)} = W_N^{k(n+N)}$

对称性:$-W_N^{nk} = W^{n(k+N/2)}$

可约性:$W_{mN}^{mnk} = W_N^{nk}$,$W_{N/m}^{nk/m} = W_N^{nk}$

特殊点:$W_N^0 = 1$,$W_N^{N/2} = -1$

此外,N 点 DFT 按 k 的奇偶分组可分为两个 $N/2$ 点的 DFT。当 k 为偶数即 $k=2r$ 时,$(-1)^k=1$。当 k 为奇数即 $k=2r+1$ 时,$(-1)^k=-1$,这时 $X(k)$ 可分为两个部分。

$$\begin{cases} X(2r) = \sum_{n=0}^{\frac{N}{2}-1} \left(x(n) + x\left(\frac{N}{2}+n\right)\right) W_{\frac{N}{2}}^{m} \\ X(2r+1) = \sum_{n=0}^{\frac{N}{2}-1} \left(\left(x(n) - x\left(\frac{N}{2}+n\right)\right) W_N^n\right) W_{\frac{N}{2}}^{m} \end{cases} \quad (3.4)$$

3. 频域抽取算法的蝶形运算流图

$X(k)$ 已被分解成了两个 $N/2$ 点的 DFT，当然，在计算 $N/2$ 点 DFT 之前还需计算如下蝶形运算：

$$\begin{cases} x_1(n) = x(n) + x\left(\frac{N}{2}+n\right) \\ x_2(n) = \left(x(n) - x\left(\frac{N}{2}+n\right)\right) W_N^n \end{cases} \quad (3.5)$$

采用基 2-FFT 频域抽取法计算 $X(k)$，采用 C 语言编写程序，步骤如下：

(1) 旋转因子 W_N^k 的生成

旋转因子 W_N^k 可以按照式(3.6)直接计算，即

$$W_N^k = \cos\left(\frac{2\pi}{N}k\right) - j * \sin\left(\frac{2\pi}{N}k\right) \quad (3.6)$$

(2) 频域抽取算法 DIF-FFT 程序设计

根据频域抽取算法 DIF-FFT 运算流图，采用三层循环结构计算出 $X(k)$。有多少级蝶形运算，外层循环就执行几次；每级蝶形有几个旋转因子 W_N^k，中层循环就执行几次；每个旋转因子 W_N^k 对应几个蝶形，内层循环就执行几次。内层循环的循环体为计算一个基 2-FFT 的频域抽取蝶形运算流图的过程。

(3) 计算出 $X(k)$

根据倒序的树状图，第 n 个叶子节点到根节点的分支标号为把第 n 个叶子节点对应的倒序数逐次除以 2 取余数，自下而上依次标号。正常序数为从叶子节点到根节点对应的二进制数转化的十进制数。假设求得的正常序数为 m，若 $n < m$，把倒位序列的第 m 个序数值与第 n 个序数值交换，计算出 $X(k)$。

四、实验内容及步骤

1. 仿真实验

① 参照 MATLAB 提供的 FFT 子程序编写采用 FFT 分析正弦波的频谱程序。

② 已知正弦波为 xa1＝sin(2*pi*n1/k)，利用 FFT 计算其频谱，仿真结果如图 3.17 所示(程序样例见附录 C)。

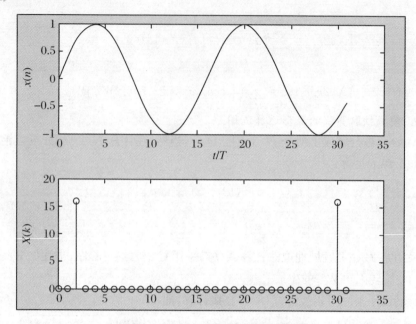

图 3.17 采用 FFT 分析正弦波的频谱

2. 硬件实验

① 打开 CCS，进入 CCS 的操作环境。

② 装入 DEC5502_FFT.pjt 工程文件，添加 SEED_DEC5502.gel 文件。

③ 打开主程序文件，设置好采样长度。SAMPLELONG 是采样长度选择，包括 1，2，3 三个选择：1 表示 256，2 表示 512，3 表示 1024。

④ 修改完宏定义后，编译、连接生成 .out 文件，装载程序 DEC5502_FFT.out。

⑤ 在主程序 106 行和第 157 行设置断点。

⑥ 通过液晶显示屏和按键设置信号源。

菜单路径为"系统设置/信号发生器设置"。

在"信号发生器设置"这一菜单下设置如下：

"通道"设为 0；"信号类型"可根据需要任意选择；"信号频率"和"信号振幅"可在屏幕下方"有效输入"限定的范围内任意输入，建议"信号振幅"设为 1 000 左右，"信号频率"设为 300 左右；"电压偏移"设为 0；"信号发生器开关"设为"开启"。此时便有正弦信号输入音频芯片 AIC23 的输入端（利用此芯片同样可以进行 A/D 采集）。

⑦ 程序流程如图 3.18 所示。

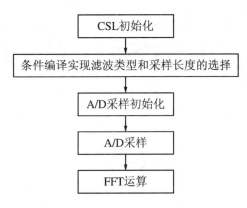

图 3.18　程序流程图

⑧ 运行程序。当程序执行到断点时,可以观察收到的数据和显示的图像。运行到第一个断点处(106 行),A/D 采样完成,此时可设置图像观察 A/D 采样的结果(即显示 DataBuffer 数组);运行到第二个断点处(157 行),FFT 变换完成,可设置图像观察 FFT 变换后没有取模时的结果(即显示 DDataBuffer 数组)和取模后的结果(即显示 mod 数组)。

⑨ 用 View/Graph/Time/Frequency 打开一个图形观察窗口;设置该观察图形及参数;在图像显示设置对话框中设置 Start Address(起始地址),Acquisition Buffer Size(输入数据个数),Display Data Size(显示数据个数),如图 3.19 所示。

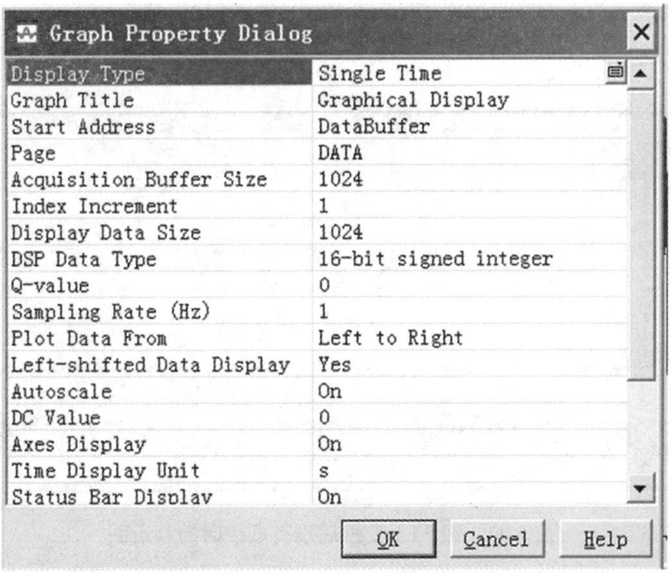

图 3.19　设置观察图形及参数

观察到的正弦波如图 3.20 所示。

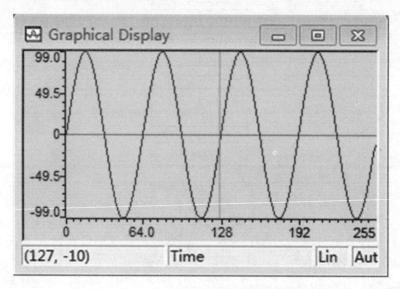

图 3.20　观察到的正弦波

⑩ 用 View/Graph/Time/Frequency 打开一个图形观察窗口；设置该观察图形及参数；在图像显示设置对话框中将 Start Address（起始地址）设为 DDataBuffer，Acquisition Buffer Size（输入数据个数）设为 1024，Display Data Size（显示数据个数）设为 1024，观察到的经 FFT 变换后没有取模时的结果如图 3.21 所示。

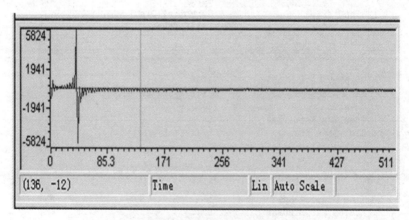

图 3.21　经 FFT 变换后没有取模时的频谱图

⑪ 同理可设经 FFT 变换后取模时的参数并输出结果，如图 3.22 所示。将图

像显示设置对话框中 Start Address(起始地址)设为 mod,Acquisition Buffer Size(输入数据个数)设为 256,Display Data Size(显示数据个数)设为 256。

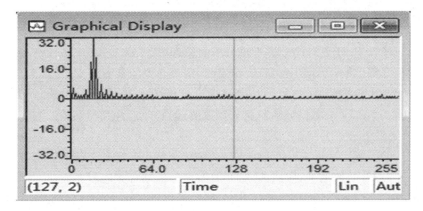

图 3.22　DIF-FFT 计算的正弦波的频谱

显示图像时应正确设置。例如,当 FFT 为 512 点时,DataBuffer 数组为 512点,短整型,起始地址为 0x5C3C;DDataBuffer 数组为 512 点,短整型,起始地址为 0x603C;mod 数组为 256 点,无符号整型,起始地址为 0x643C。

将图 3.19 中的 Display Type 改为 FFT Magnitude 选项时,观察到的正弦波的频谱如图 3.23 所示。

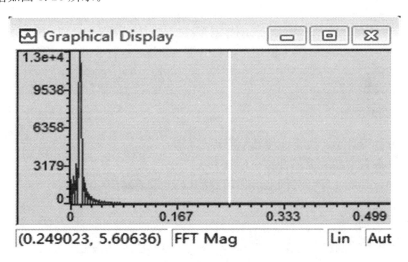

图 3.23　正弦波的频谱

是相同的,可见 $X(k)$ 与正弦序列的傅里叶级数的系数也是相同的。由于正弦序列被截断为 256 点,在观察 $X(k)$ 时,能够观察到截断效应,即离散谱线向附近展宽。

五、实验报告

① 简述利用 FFT 对信号进行谱分析的原理。
② 根据提供的样例程序实验操作说明,记录必要的参数。
③ 记录实验的结果,将实验结果和理论分析结果进行比较,分析说明误差产生的原因以及用 FFT 做谱分析时有关参数的选择方法,并列写实验的主要结论。

六、预习要求

① 复习 DFT 的定义、性质和用 DFT 做谱分析的有关内容。
② 复习 FFT 算法原理与编程思想,参照提供的 DIF-FFT 运算流图和程序流图,读懂和使用提供的 FFT 函数。
③ 参照 MATLAB 提供的 FFT 子程序编写采用 FFT 分析正弦波的频谱程序。

七、思考题

① 对于不同的 N,幅频特性会相同吗?为什么?
② FFT 谱分析方法可以应用到哪些方面?

实验五　IIR 滤波器设计

一、实验目的

① 掌握设计 IIR 数字滤波器的原理与方法。
② 掌握数字滤波器的计算机仿真方法。
③ 通过观察实际信号的滤波作用,获得对数字滤波的感性认识。

二、实验设备

计算机,CCS 软件,SEED-DTK5502 型实验箱,DSP 仿真器。

三、实验原理

1. 数字滤波器

数字滤波器是指输入、输出的都是离散时间信号,通过一定运算关系改变某些频率的输入信号的相对比例或者滤除某些频率的信号的器件。

离散系统的频域表示法为

$$Y(e^{j\omega}) = X(e^{j\omega})H(e^{j\omega}) \tag{3.7}$$

其中,$Y(e^{j\omega})$,$X(e^{j\omega})$分别是数字滤波器的输出序列和输入序列的频域特性,$H(e^{j\omega})$为系统单位抽样响应的频率响应。选择不同的$H(e^{j\omega})$,系统就可以选择不同的频谱。

一个数字滤波器可以用系统函数表示为

$$H(z) = \frac{\sum_{i=0}^{M-1} b_i z^{-i}}{1 - \sum_{i=1}^{N-1} a_i z^{-i}} = \frac{b_0 + b_1 z^{-1} + b_2 z^{-2} + \cdots + b_{M-1} z^{-(M-1)}}{1 - a_1 z^{-1} - a_2 z^{-2} - \cdots - a_{N-1} z^{-(N-1)}} \tag{3.8}$$

当系统的单位冲激响应$h(n)$(时域)无限长时,称其为无限长单位冲激响应(IIR)数字滤波器,这时存在输出到输入的反馈。其差分方程为

$$y(n) = \sum_{k=0}^{M} b_k x(n-k) + \sum_{k=1}^{N} a_k y(n-k) \tag{3.9}$$

设计 IIR 数字滤波器就是求满足条件的a_k,b_k值,它是数学上的一种逼近问题,即在规定条件下(通常采用最小均方误差准则)去逼近系统的特性。

2. 数字滤波器的设计方案

数字滤波器的设计方法有两种:一种是采用计算机软件进行,通过程序来实现;另一种是设计专用的数字处理硬件。

设计 IIR 数字滤波器的最通用方法是借助于模拟滤波器的设计方法,把s平面映射到z平面,使模拟滤波器系统函数$H(s)$变换成所需的数字滤波器的系统函数$H(z)$。

① 常用的模拟滤波器主要有巴特沃斯、切比雪夫、贝塞尔等滤波器。模拟滤波器的设计,就是用模拟滤波器系统函数$H(s)$去逼近所要求的理想特性。标准的模拟低通滤波器设计公式是根据以下幅度平方函数来确定的:

$$|H(j\Omega)|^2 = H(j\Omega)H(-j\Omega) = H(s)H(-s)\big|_{s=j\Omega} \tag{3.10}$$

其中,$H(s)$是模拟滤波器系统函数,它是s的有理函数;$H(j\Omega)$是其稳态响应,即滤波器频率特性;$|H(j\Omega)|$为滤波器的稳态振幅特性。

由幅度平方函数确定$H(s)$的方法是:

A. 在$|H(j\Omega)|^2$中,令$\Omega^2 = -s^2$,得到$H(s)$。

B. 将$H(s)H(-s)$有理式进行分解,得到零点和极点。

C. 按照频域特性,确定增益常数。

巴特沃斯低通滤波器的幅度平方函数定义为

$$|H(\mathrm{j}\Omega)|^2 = \frac{1}{1+\left(\frac{\Omega}{\Omega_c}\right)^{2N}} \tag{3.11}$$

式中，N 为正整数，代表滤波器阶数，Ω_c 为截止频率。

② 主要有三种映射方法：冲激响应不变法、阶跃响应不变法、双线性变换法。前两种方法的最大缺点就是产生频率响应的混叠失真。双线性变换法从频域出发，是数字滤波器的频率响应与模拟滤波器的频率响应的一种变换法。原理如下：

$$H(s) \xrightarrow{\text{压缩}} H(s_1) \xrightarrow{\text{映射}} H(z) \tag{3.12}$$

$$\omega \xrightarrow{\omega_1 = \frac{2}{T}\arctan\left(\frac{\omega T}{2}\right)} \omega_1 \xrightarrow{\Omega = \omega_1 T} \Omega \tag{3.13}$$

由模拟频率与数字频率的关系得到映射关系：

$$\omega = \frac{2}{T}\tan\left(\frac{\Omega}{2}\right) \xrightarrow[z=\mathrm{e}^{\mathrm{j}\omega}]{s=\mathrm{j}\Omega} z = \frac{1+s}{1-s} \tag{3.14}$$

为了使模拟滤波器的某一频率与数字滤波器的任意频率有对应的关系，引入待定常数 c，使式(3.14)变成

$$z = \frac{c+s}{c-s} \tag{3.15}$$

变换常数 c 的选择有两种，其中低频特性时，$c=2/T$。

3. 有反馈项的线性常系数差分方程求解

有反馈项的线性常系数差分方程可以采用无限脉冲响应(IIR)网络表示，若该方程的输入序列为 $x(n)$，输出序列为 $y(n)$，则 IIR 网络的输入序列为 $x(n)$，输出序列为 $y(n)$，因此可以通过网络的结构模型求解有反馈项的线性常系数差分方程。

(1) 直接型结构的求解

根据式(3.8)所示的系统函数 $H(z)$ 的分子和分母多项式的系数，画出 IIR 网络的直接型结构，如图 3.24 所示。根据此结构，求解有反馈项的线性常系数差分方程的递推公式，如式(3.16)。IIR 网络的直接型结构（图 3.24）的输入序列为 $x(n)$，输出序列为 $y(n)$，通过式(3.16)迭代，即可求出输出 $y(n)$。本实验中采用的 IIR 的计算公式为式(3.16)。

$$\begin{cases} d(n) = x(n) + a_1 d(n-1) + a_2 d(n-2) + \cdots + a_{N-1} d(n-(N-1)) \\ y(n) = b_0 d(n) + b_1 d(n-1) + b_2 d(n-2) + \cdots + b_{N-1} d(n-(N-1)) \end{cases} \tag{3.16}$$

(2) 级联型结构的求解

求解式(3.8)所示的系统函数 $H(z)$ 的零点和极点时，可以把系统函数 $H(z)$ 分解为几个因式相乘的形式，如式(3.17)所示。在式(3.18)中，将单阶的零点和极

点组成一阶网络,将共轭的零点和极点组成二阶网络,以保证网络的系数为实数。

$$H(z) = H_1(z)H_2(z)\cdots H_k(z) \qquad (3.17)$$

根据式(3.17),画出 IIR 网络的级联型结构,如图 3.25 所示。根据此结构,求有反馈项的线性常系数差分方程的递推公式,如式(3.18)。式(3.18)为求解二阶网络的递推公式,若式中 $a_2=0$,$b_2=0$,则其为求解一阶网络的递推公式。第一级网络的输入为 $x(n)$,输出为 $y_1(n)$;第二级网络的输入为 $y_1(n)$,输出为 $y_2(n)$;即下一级网络的输入为上一级网络的输出。据此类推,直到求出 $y(n)$。

$$\begin{cases} d(n) = x(n) + a_1 d(n-1) + a_2 d(n-2) \\ y(n) = b_0 d(n) + b_1 d(n-1) + b_2 d(n-2) \end{cases} \qquad (3.18)$$

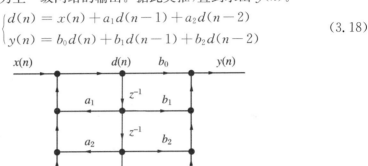

图 3.24　IIR 网络的直接型结构

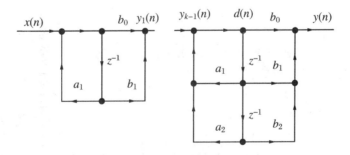

图 3.25　IIR 网络的级联型结构

(3) 并联型结构求解

求解式(3.8)所示的系统函数 $H(z)$ 的极点时,采用部分分式展开法将系统函数 $H(z)$ 分解为几个因式相加的形式,如式(3.19)所示。在式(3.19)中,为了保证网络的系数为实数,也需要将单阶的零点和极点组成一阶网络,将共轭的零点和极点组成二阶网络。

$$H(z) = H_1(z) + H_2(z) + \cdots + H_k(z) \qquad (3.19)$$

根据式(3.19),画出 IIR 网络的并联型结构,如图 3.26 所示。根据此结构,求解有反馈项的线性常系数差分方程的递推公式,如式(3.20)。式(3.20)为求解二阶网络的递推公式,若式中 $a_2=0, b_1=0$,则其为求解一阶网络的递推公式。其中,$y(n)$ 为各级网络输出之和。

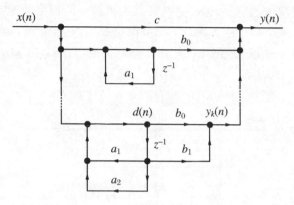

图 3.26 IIR 网络的并联型结构

$$\begin{cases} d(n) = x(n) + a_1 d(n-1) + a_2 d(n-2) \\ y_k(n) = b_0 d(n) + b_1 d(n-1) \end{cases} \quad (3.20)$$

四、实验内容及步骤

1. 仿真实验

① 利用 MATLAB 编程设计低通 IIR 数字滤波器,设计步骤如下:

A. 确定数字低通滤波器的技术指标:通带边界频率 ω_p、通带最大衰减 α_p、阻带截止频率 ω_s、阻带最小衰减 α_s。

B. 将数字低通滤波器的技术指标转换成相应的模拟低通滤波器的技术指标。

C. 按照模拟低通滤波器的技术指标设计过渡模拟低通滤波器。

D. 用所选的转换方法,将模拟滤波器系统函数 $H(s)$ 转换成数字低通滤波器系统函数 $H(z)$。

② 使用 MATLAB 自带的模拟低通滤波器编写 IIR 数字滤波器程序,相关步骤及函数如下:

A. 确定最小阶数 N 和频率参数 Wn。可供选用的阶函数有 buttord、cheblord、cheb2ord、ellipord 等。

B. 根据最小阶数直接设计模拟低通滤波器原型,可用 butter、cheby1、cheby2、ellip、bessel 等函数。

C. 运用脉冲响应不变法或双线性变换法把模滤波器转换为数字滤波器,调用的函数是 impinvar 和 bilinear。

D. 用 freqz 函数验证设计结果。

③ 画主程序流程图,如图 3.27 所示。

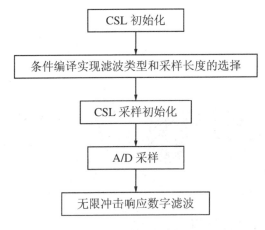

图 3.27 主程序流程图

④ 记录实验内容中相应的参数及幅频特性曲线。

2. 硬件实验

实现基于 DSP 的低通 IIR 数字滤波器的设计和使用的实验步骤如下:

① 打开 CCS,进入 CCS 的操作环境。

② 装入 DEC5502_IIR. pjt 工程文件,添加 SEED_DEC5502. gel 文件。

③ 阅读本实验所提供的样例子程序。

④ 打开 .c 文件,到第 35 行修改 SAMPLELONG 宏定义。

⑤ 修改完宏定义后,编译、连接生成 DEC5502_Filter. out 文件,装载程序 DEC5502_Filter. out。

⑥ 设置信号源。当液晶屏上出现"通信自检不成功,请复位系统"时,按下 Enter 键,进入"信号发生器设置"对话框。在"信号发生器设置"这一对话框下进行如下设置:"通道"设为 0;"信号类型"可根据需要任意选择,"信号频率"和"信号振幅"可在屏幕下方"有效输入"限定的范围内任意输入,建议将振幅设为 1 000 左右,将频率设为 300 左右;"电压偏移"设为 0;"信号发生器开关"设为"开启"。此时便有信号输入音频芯片 AIC23 的输入端(利用此芯片同样可以进行 A/D 采集)。

⑦ 设置断点,如图 3.28 所示。

```
/*Filter*/
iir_filter(DataBuffer,SOSr,G,DDataBuffer
while(1){};
```

图 3.28 断点的设置

⑧ 运行程序,程序停在第一个断点处,表明数据采集完成;继续运行程序,程序停在第二个断点处,表明滤波完成。此时,可以观察收到的数据和显示的图像。

⑨ 用 View/Graph/Time/Frequency 打开一个图形观察窗口,设置该观察图形及参数,如图 3.29 所示。

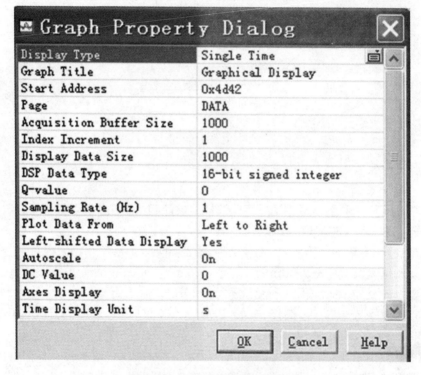

图 3.29 混叠的正弦波参数设置

⑩ 观察到的混叠正弦波时域波形如图 3.30 所示。

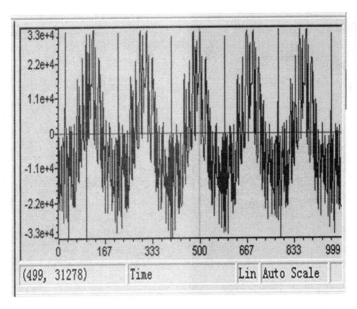

图 3.30　混叠正弦波时域波形

⑪ 设置显示混叠正弦波频谱的参数,如图 3.31 所示,正弦波的频谱如图 3.32 所示。

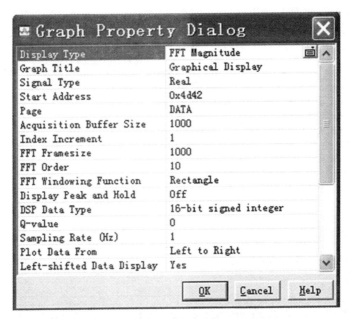

图 3.31　设置显示混叠正弦波频谱的参数

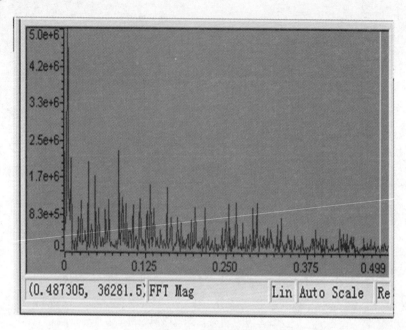

图 3.32 正弦波频谱

⑫ 设置滤波后正弦波的参数,如图 3.33 所示,滤波后的结果如图 3.34 所示。

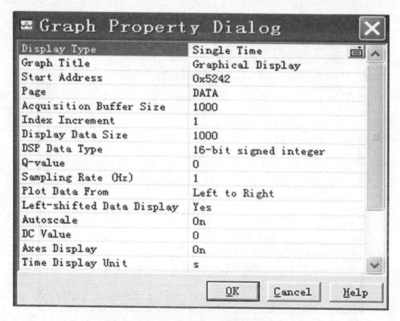

图 3.33 设置滤波后正弦波的参数

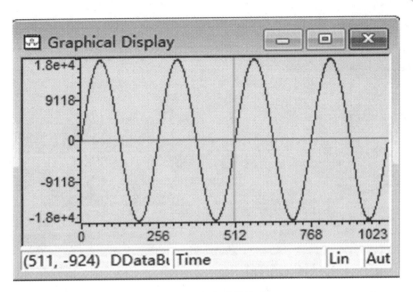

图 3.34 滤波后的结果

⑬ 设置频谱参数,如图 3.35 所示,正弦波的频谱如图 3.36 所示。

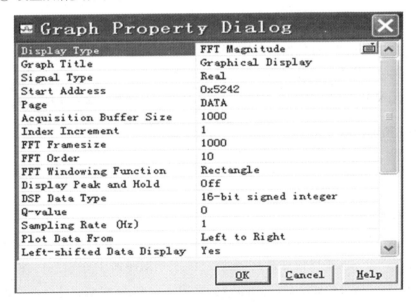

图 3.35 设置频谱参数

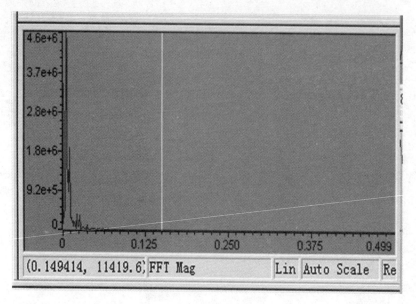

图 3.36　正弦波的频谱

五、实验报告

① 简述 IIR 数字滤波器的设计方法。

② 简述 IIR 数字滤波器的设计原理和步骤。

③ 记录实验结果,给出所设计的低通 IIR 数字滤波器的输入、输出曲线。

六、预习要求

① 复习有关巴特沃斯滤波器设计和用双线性变换法设计 IIR 数字滤波器的内容。

② 使用 MATLAB 设计一个 IIR 数字低通滤波器。要求:通带临界频率 f_p=1 000 Hz,阻带临界频率 f_s=3 000 Hz,通带内的最大衰减 R_p=3 dB,阻带内的最小衰减 R_s=30 dB,采样频率 F_s=10 000 Hz,采用双线性变换法设计。模拟滤波器采用巴特沃斯滤波器设计,已知 $x(n)$,采用直接型、级联型和并联型结构求出 $y(n)$(程序样例见附录 C)。仿真结果如图 3.37 所示。

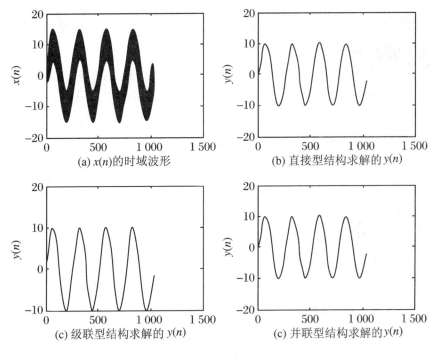

图 3.37 仿真结果

七、思考题

① 试述用双线性变换法设计数字滤波器的过程。
② 针对滤波前后的信号波形,说明数字滤波器的滤波过程与滤波作用。

实验六 FIR 滤波器设计

一、实验目的

① 掌握用窗函数法设计 FIR 数字滤波器的原理和方法。
② 了解线性相位 FIR 数字滤波器特性。
③ 了解各种窗函数对滤波特性的影响。

二、实验设备

计算机,CCS 软件,SEED-DTK5502 型实验箱,DSP 仿真器。

三、实验原理

1. FIR 数字滤波器

在数据传输和图像处理领域中,要求信号不能有明显的相位失真,因而具有严格线性相位的有限长单位冲激响应(FIR)数字滤波器得到发展和应用。FIR 滤波器的单位冲激响应 $h(n)$ 为一个有限个 N 点的序列,若 $0 \leqslant n \leqslant N-1$,则滤波器的系统函数为

$$H(z) = \sum_{i=0}^{N-1} b_i z^{-i} = b_0 + b_1 z^{-1} + b_2 z^{-2} + \cdots + b_{N-1} z^{-(N-1)} \quad (3.21)$$

上式可被看成 z^{-1} 的 $N-1$ 阶多项式,在有限 z 平面($0 \leqslant |z| \leqslant \infty$)有 $N-1$ 个零点,而 z 平面原点($z=0$)处有 $N-1$ 个极点。

线性相位滤波器不会改变输入信号的形状,只在时域上使信号延时而不用矫正。

式(3.21)的频率响应为

$$H(e^{j\omega})\Big|_{z=e^{j\omega}} = \sum_{n=0}^{N-1} h(n) e^{-j\omega n} = \pm |H(e^{j\omega})| e^{j\theta(\omega)} \quad (3.22)$$

其中,$|H(e^{j\omega})|$ 是幅度响应,要表达严格的线性相位,需要满足

$$\theta(\omega) = -\tau\omega \quad (3.23)$$

或

$$\theta(\omega) = \beta - \tau\omega \quad (3.24)$$

其中,τ, β 都是常数,表示相位是通过原点坐标 $\omega=0$ 或 $\theta(0)=\beta$ 的斜直线。

将式(3.23)和式(3.24)分别带入式(3.22)中可得

$$\sum_{n=0}^{N-1} h(n) \sin((\tau-n)\omega) = 0 \quad (3.25)$$

$$\sum_{n=0}^{N-1} h(n) \sin((\tau-n)\omega - \beta) = 0 \quad (3.26)$$

要使式(3.25)或式(3.26)成立,必须满足

$$\tau = \frac{N-1}{2}, \quad h(n) = h(N-1-n)$$

或

$$h(n) = -h(N-1-n), \quad \beta = \pm\frac{\pi}{2}, \quad 0 \leqslant n \leqslant N-1 \quad (3.27)$$

根据单位冲激响应 $h(n)$ 的奇偶对称性和 N 的奇偶性可以将 FIR 滤波器分为四种情况的线性相位 FIR 滤波器。

2. 窗函数设计法

以理想低通滤波器为例,其频率响应为

$$H_d(e^{j\omega}) = \begin{cases} 1e^{-j\omega\alpha} & |\omega| \leqslant \omega_c \\ 0 & \omega_c < \omega \leqslant \pi \end{cases} \tag{3.28}$$

其中,ω_c 为截止频率,幅度值为 1,相位是 $-\omega\alpha$。

设计一个 FIR 滤波器频率响应 $H(e^{j\omega}) = \sum_{n=0}^{N-1} h(n)e^{-j\omega n}$ 来逼近 $H_d(e^{j\omega})$。用窗函数法设计是在时域上进行的,因此,可由 $H_d(e^{j\omega})$ 的傅里叶反变换导出

$$h_d(n) = \frac{1}{2\pi}\int_{-\pi}^{\pi} H_d(e^{j\omega})e^{j\omega n}d\omega = \frac{1}{2\pi}\int_{-\omega_c}^{\omega_c} e^{j\omega(n-\alpha)}d\omega = \frac{\sin(\omega_c(n-\alpha))}{\pi(n-\alpha)}$$

$$\tag{3.29}$$

为了通过无限长的序列 $h_d(n)$ 得到有限长且线性相位的 FIR 滤波器 $h(n)$,可以使用一个有限长度的窗口函数序列 $\omega(n)$(本例中取矩形窗 $\omega(n) = R_N(n)$)来截取 $h_d(n)$。必须有

$$\begin{cases} h(n) = h_d(n)R_N(n) = \begin{cases} h_d(n) & 0 \leqslant n \leqslant N-1 \\ 0 & n \text{ 为其他值} \end{cases} \\ \alpha = \dfrac{N-1}{2} \end{cases} \tag{3.30}$$

在频域上,

$$H(e^{j\omega}) = \frac{1}{2\pi}\int_{-\pi}^{\pi} H_d(e^{j\theta})R_N(e^{j(\omega-\theta)})d\theta \tag{3.31}$$

因而 $H(e^{j\omega})$ 逼近 $H_d(e^{j\omega})$ 的程度,取决于窗函数的频率特性 $R_N(e^{j\omega})$。因此,窗函数序列的形状及长度的选择很关键。

3. 常用窗函数

(1) 矩形(Rectangular)窗

窗函数为

$$\omega(n) = R_N(n) = \begin{cases} 1 & 0 \leqslant n \leqslant N-1 \\ 0 & \text{其他幅度函数} \end{cases} \tag{3.32}$$

幅度函数为

$$W_R(\omega) = |W_R(e^{j\omega})| = \frac{\sin(N\omega/2)}{\sin(\omega/2)} \tag{3.33}$$

主瓣宽度为

$$2 \times 2\pi/N = 4\pi/N$$

过渡带宽为

$$\Delta\omega = 0.9 \times 2\pi/N$$

(2) 三角(Bartlett)窗

窗函数为

$$\omega(n) = \begin{cases} \dfrac{2n}{N-1}, & 0 \leqslant n \leqslant \dfrac{N-1}{2} \\ 2 - \dfrac{2n}{N-1}, & \dfrac{N-1}{2} < n \leqslant N-1 \end{cases} \qquad (3.34)$$

幅度函数为

$$W_R(\omega) = |W_R(e^{j\omega})| = \frac{2}{N}\left(\frac{\sin(N\omega/4)}{\sin(\omega/4)}\right) \qquad (3.35)$$

主瓣宽度为

$$4 \times 2\pi/N = 8\pi/N$$

过渡带宽为

$$\Delta\omega = 2.1 \times 2\pi/N$$

(3) 汉宁(Hanning)窗

窗函数为

$$\omega_n = \frac{1}{2}\left(1 - \cos\left(\frac{2\pi n}{N-1}\right)\right)R_N(n) \qquad (3.36)$$

幅度函数为

$$W(\omega) = 0.5 W_R(\omega) + 0.25\left(W_R\left(\omega - \frac{2\pi n}{N-1}\right) + W_R\left(\omega + \frac{2\pi n}{N-1}\right)\right) \qquad (3.37)$$

主瓣宽度为

$$4 \times 2\pi/N = 8\pi/N$$

过渡带宽为

$$\Delta\omega = 3.1 \times 2\pi/N$$

(4) 海明(Hamming)窗

窗函数为

$$\omega(n) = \left(0.54 - 0.46\cos\left(\frac{2\pi n}{N-1}\right)\right)R_N(n) \qquad (3.38)$$

幅度函数为

$$W(\omega) = 0.54 W_R(\omega) + 0.23\left(W_R\left(\omega - \frac{2\pi n}{N-1}\right) + W_R\left(\omega + \frac{2\pi n}{N-1}\right)\right) \qquad (3.39)$$

主瓣宽度为

$$4 \times 2\pi/N = 8\pi/N$$

过渡带宽为

$$\Delta\omega = 3.3 \times 2\pi/N$$

(5) 布拉克曼(Blackman)窗

窗函数为

$$\omega(n) = \left(0.42 - 0.5\cos\left(\frac{2\pi n}{N-1}\right) + 0.08\cos\left(\frac{4\pi n}{N-1}\right)\right)R_N(n) \qquad (3.40)$$

幅度函数为

$$W(\omega) = 0.42W_R(\omega) + 0.25\left(W_R\left(\omega - \frac{2\pi}{N-1}\right) + W_R\left(\omega + \frac{2\pi}{N-1}\right)\right)$$
$$+ 0.04\left(W_R\left(\omega - \frac{4\pi}{N-1}\right) + W_R\left(\omega + \frac{4\pi}{N-1}\right)\right) \quad (3.41)$$

主瓣宽度为

$$6 \times 2\pi/N = 12\pi/N$$

过渡带宽为

$$\Delta\omega = 5.5 \times 2\pi/N$$

4. 无反馈项的线性常系数差分方程求解

无反馈项的线性常系数差分方程可以采用有限脉冲响应(FIR)网络表示。若该方程的输入序列为 $x(n)$,输出序列为 $y(n)$,则 FIR 网络的输入序列为 $x(n)$,输出序列为 $y(n)$,因此可以通过 FIR 网络的结构模型求解无反馈项的线性常系数差分方程。

(1) 直接型结构的求解

根据式(3.21)所示的系统函数 $H(z)$ 的多项式的系数,画出 FIR 网络的直接型结构,如图 3.38 所示。根据此结构,求解无反馈项的线性常系数差分方程的递推公式,如式(3.42)。式(3.42)中的 $h(n)$ 为 FIR 网络的单位脉冲响应,即无反馈项的线性常系数差分方程的系数 b_i。FIR 网络的直接型结构的输入为 $x(n)$,输出为 $y(n)$,通过式(3.42)所示的线性卷积运算,即可求出输出序列 $y(n)$。本实验采用直接型结构。

$$y(n) = h(n) * x(n) \quad (3.42)$$

(2) 级联型结构的求解

求解式(3.21)所示的系统函数 $H(z)$ 的零点时,可以把系统函数 $H(z)$ 分解为几个因式相乘的形式,如式(3.43)所示。在式(3.43)中,单阶的零点组成一阶网络;将共轭成对的零点组成二阶网络,以保证网络的系数为实数。

$$H(z) = H_1(z)H_2(z)\cdots H_k(z) \quad (3.43)$$

根据式(3.43),画出 FIR 网络的级联型结构,如图 3.39 所示。根据此结构,求解无反馈项的线性常系数差分方程的递推公式,如式(3.44)。式(3.44)为求解二阶网络的递推公式,若式(3.44)中 $b_2 = 0$,则其为求解一阶网络的递推公式。第一级网络的输入为 $x(n)$,输出为 $y_1(n)$;第二级网络的输入为 $y_1(n)$,输出为 $y_2(n)$;即下一级网络的输入为上级网络的输出。据此类推,直到求出 $y(n)$。

$$\begin{cases} y_1(n) = b_0 x(n) + b_1 x(n-1) + b_2 x(n-2) \\ y_k(n) = b_0 y_{k-1}(n) + b_1 y_{k-1}(n-1) + b_2 y_{k-1}(n-2) \end{cases} \quad (3.44)$$

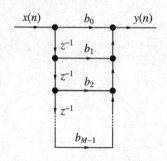

图 3.38　FIR 网络的直接型结构　　　图 3.39　FIR 网络的级联型结构

四、实验内容及步骤

1. 仿真实验

① 使用 MATLAB 编程设计低通 FIR 数字滤波器,设计步骤如下:

A. 明确所给定要求的频率响应函数 $H_d(e^{j\omega})$。

B. 求 $h_d(n)=IDTFT(H_d(e^{j\omega}))$。

C. 由过渡带宽及阻带最小衰减的要求,查表选定窗 $\omega(n)$ 的形状及 N 的大小,一般 N 要在通过几次试探后才能被确定。

D. 根据 $h(n)=h_d(n)\omega(n),n=0,1,\cdots,N-1$ 求得所设计的 FIR 滤波器的单位抽样响应。

E. 求 $H(e^{j\omega})=DIFT(h(n))$,检验是否满足设计要求,如不满足,则需重新设计。

② 使用 MATLAB 自带的模拟低通滤波器编写 FIR 数字滤波器程序,相关步骤及函数如下:

A. 确定低通 FIR 滤波器的性能指标(边界频率、过渡带宽)。

B. 确定窗形状,选择合适的窗函数。MATLAB 中的窗函数有 boxcar(N),hanning(N),hamming(N),bartlett(N),blackman(N),triang(N),等等。

C. 使用 MATLAB 自带的 FIR 数字滤波器函数 fftfilt( ),filter( )实现滤波验证。

③ 画主程序流程图,如图 3.40 所示。

④ 记录实验内容中相应的参数及幅频特性曲线。

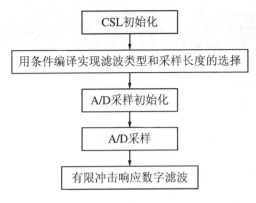

图 3.40　主程序流程图

2. 硬件实验

实验步骤如下：

① 打开 CCS，进入 CCS 的操作环境。

② 装入 DEC5502_FIR.pjt 工程文件，添加 SEED_DEC5502.gel 文件。

③ 阅读本实验所提供的样例子程序。

④ 打开 .c 文件，到第 35 行修改 SAMPLELONG 宏定义。

⑤ 修改完宏定义后，编译、连接生成 DEC5502_Filter.out 文件，装载程序 DEC5502_Filter.out。

⑥ 设置信号源：当液晶屏上出现"通信自检不成功，请复位系统"时，按下 Enter 键，进入"信号发生器设置"。在"信号发生器设置"这对话框中进行如下设置："通道"设为 0；"信号类型"可根据需要任意选择；"信号频率"和"信号振幅"可在屏幕下方"有效输入"限定的范围内任意输入，建议将振幅设为 1 000 左右，频率设为 300 左右；"电压偏移"设为 0；将"信号发生器开关"设为"开启"。此时便有信号输入音频芯片 AIC23 的输入端（利用此芯片同样可以进行 A/D 采集）。

⑦ 设置断点，如图 3.41 所示。

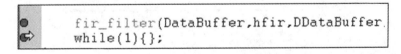

图 3.41　断点的设置

⑧ 运行程序，程序停在第一个断点处，表明数据采集完成；继续运行程序，程序停在第二个断点处，表明滤波完成。此时，可以观察收到的数据和显示的图像。

⑨ 用 View/Graph/Time/Frequency 打开一个图形观察窗口，设置该观察图形及参数，如图 3.42 所示。

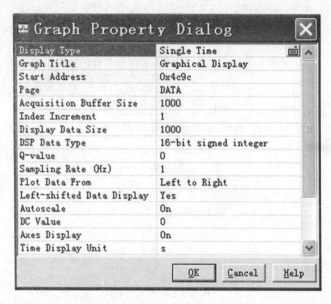

图 3.42 混叠正弦波的参数设置

⑩ 观察到的混叠正弦波的时域波形如图 3.43 所示。

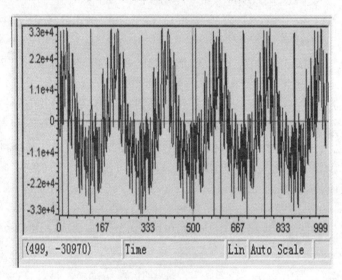

图 3.43 混叠正弦波时域波形

⑪ 设置显示混叠正弦波的频谱参数,如图 3.44 所示,正弦波的频谱如图 3.45 所示。

图 3.44　设置显示混叠正弦波的频谱

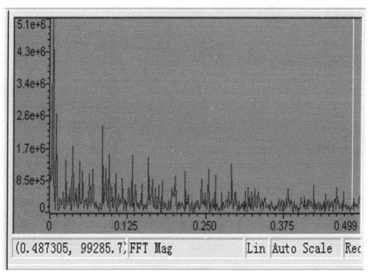

图 3.45　正弦波的频谱

⑫ 设置滤波后正弦波的参数,如图 3.46 所示,滤波后的结果如图 3.47 所示。

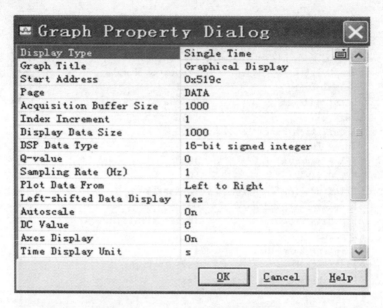

图 3.46　设置滤波后正弦波的参数

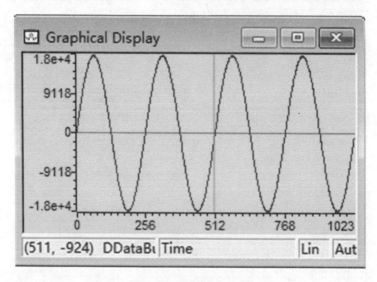

图 3.47　滤波后的结果

⑬ 设置显示滤波后正弦波的频谱参数，如图 3.48 所示，正弦波的频谱如图 3.49 所示。

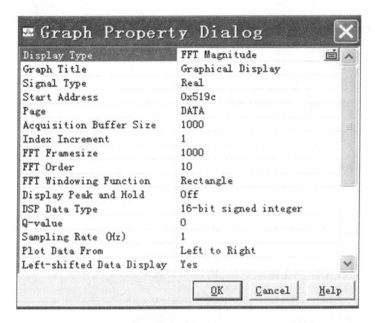

图 3.48 设置频谱参数

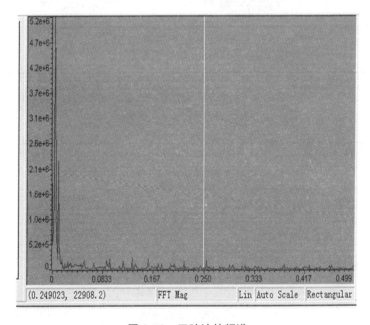

图 3.49 正弦波的频谱

五、实验报告

① 简述用窗函数法设计 FIR 滤波器的主要步骤。
② 自己设计一串数据,应用样例子程序进行滤波。
③ 记录实验结果,给出所设计的低通 FIR 数字滤波器的输入、输出曲线。

六、预习要求

① 复习如何设计 FIR 数字滤波;阅读本实验原理,掌握设计步骤。
② 参照提供的 FIR 设计原理和步骤,掌握 MATLAB 提供的设计 FIR 滤波器的函数。
③ 使用 MATLAB 设计一个 FIR 数字低通滤波器。要求:通带临界频率 $f_c=500$ Hz,采样频率 $F_s=48\,000$ Hz,阶数为 50。已知 $x(n)$,采用直接型和级联型结构求出 $y(n)$(程序样例见附录 C)。仿真结果如图 3.50 所示。

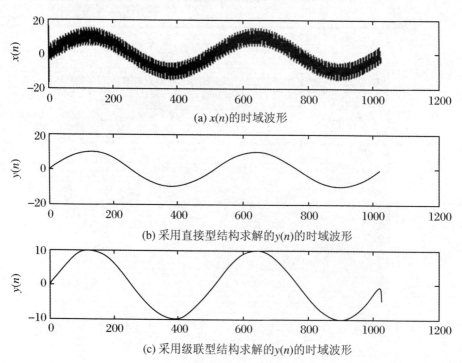

(a) $x(n)$ 的时域波形

(b) 采用直接型结构求解的 $y(n)$ 的时域波形

(c) 采用级联型结构求解的 $y(n)$ 的时域波形

图 3.50 仿真结果

七、思考题

① 如果给定通带截止频率、阻带截止频率及阻带最小衰减,如何用窗函数法设计线性相位低通滤波器? 写出设计步骤。

② 定性说明本实验中 3 dB 截止频率的理论值在什么位置,是否等于理想低通滤波器的截止频率?

第四章　程控交换实验

一、实验课程简介

程控交换技术是数字电话网、移动电话网和综合业务数字网的关键技术,在电信网中起着非常重要的作用。"程控交换与数字交换网"课程主要介绍数字程控交换机的基本原理、话音信号的数字化基础、呼叫处理的基本原理、交换技术基础,以及电话通信网的基础知识。课程涵盖了基础理论和知识点,实验要对课程中的知识加以巩固,提高学生的实践能力,并使学生在此基础上做一些自主的开发性实验,以开拓思维,培养兴趣。为此,实验项目涵盖国内主流的通信工程专业统编教材内容,注重培养学生对基础理论的理解能力;通过验证性实验让学生清晰地掌握教材上的基本原理;通过开发性实验,可以提高学生的实际动手能力和创新能力。我们设计的实验项目具有代表性、经典性、先进性,学生可在教学实验的基础上融会贯通、举一反三,进行二次开发实验,或自行设计课题进行课题研究,起到开拓思路和启迪引导的作用。

二、实验系统框图

实验系统框图如图 4.1 所示。
硬件主要分为下列部分:
① 用户接口:该设计中采用的是四路模拟用户接口。
② 外线接口:作为用户交换机与局用交换机相连。
③ 电源输入模块:产生整个实验箱所需要的各种电压的工作电源。
④ 中央处理器:由 MSC-51 系列的单片机实现,主要实现人机界面的管理。
⑤ 记发器:由 MSC-51 系列的单片机实现,实现信令的管理。
⑥ 话路交换控制器:由 MSC-51 系列的单片机实现,对时分交换单元和空分交换单元进行控制。
⑦ 空分交换单元:实现模拟话路的交换。
⑧ 时分交换单元:实现数字话路的交换。
⑨ 来电显示单元:实现 DTMF 主叫识别的接收和发送。
⑩ 信令信号产生单元:产生信令音和程控实验系统的工作时钟。

⑪ 数字处理单元:完成数字中继协议处理、帧同步码的插入和提取,以及位时钟的提取。

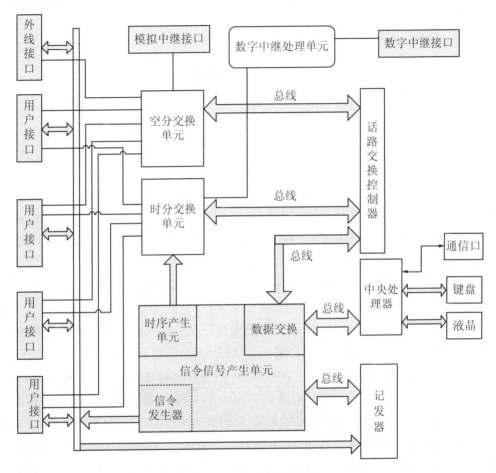

图 4.1 实验系统框图

实验一 用户线接口模块

一、实验目的

① 全面了解用户线接口电路功能 B,O,R,S,T 的作用及其实现方法。
② 加深对 BORST 功能的理解。

二、实验内容

① 了解用户模块 AM79R70 的主要性能与特点。

② 了解由 AM79R70 组成的用户线接口电路。

③ 用示波器分别观测 TP_{301},TP_{302},TP_{303} 在摘挂机时的工作电平。

三、实验设备

LT-CK-02E 程控交换实验箱一台,电话机两台,数字示波器一台。

四、实验原理

1. 用户线接口电路的工作原理

用户线接口电路(Subscriber Line Interface Circuit,SLIC)有时也可以简称为用户电路,在本实验中两者为同一概念。任何交换机都具有 SLIC,根据用户电话机的不同类型,SLIC 分为模拟 SLIC 和数字 SLIC 两种。

模拟 SLIC 应能承受馈电、铃流和外界干扰等高压大电流的冲击,过去一般由晶体管、变压器(或混合线圈)、继电器等分立元件构成。在实际中,基于实现和应用上的考虑,通常 B,O,R,S,H,C,T 功能中过压保护功能由外接元器件实现,编解码器部分自成一体集成为编解码器(CODEC),其余功能由集成模拟 SLIC 实现。

在布控交换机中,向用户馈电(B)、振铃(R)等功能都是在绳路中实现的,馈电电压一般是-60 V,馈电电流一般是 20~30 mA,铃流是 25 Hz,90 V 左右。而在程控交换机中,由于交换网络处理的是数字信息,无法向用户馈电、振铃等,所以向用户馈电、振铃等任务就由 SLIC 来完成,再加上其他一些要求,程控交换机中的 SLIC 一般要具有 B(馈电)、R(振铃)、S(监视)、C(编译)、H(混合)、T(测试)、O(过压保护)七项功能。图 4.2 为 SLIC 功能模拟框图。

模拟 SLIC 的功能可以归纳为 B,O,R,S,C,H,T 七种,具体含义如下:

① 馈电(B:Battery Feeding)向用户话机送直流电。通常要求馈电电压为-48 V 或-24 V,环路电流不小于 18 mA。

② 过压保护(O:Overvoltage Protection):防止过压过流冲击和损坏电路、设备。

③ 振铃控制(R:Ringing Control):向用户话机馈送铃流。

④ 监视(S:Supervision):用于监视用户线的通断状态,即通过检测话机摘机、挂机与拨号脉冲等信号,并转送到控制网络和交换网络,以反映用户的忙闲状态和接续要求。

⑤ 编解码与滤波(C:CODEC/Filter):在数字交换中,完成模拟话音与数字编码间的转换。通常采用脉冲编码调制(PCM)编码器(Coder)与解码器(Decoder)来完成,统称为CODEC。相应的防混叠与平滑低通滤波器占有话路(300~3 400 Hz)带宽,编码速率为 64 Kbit/s。

⑥ 混合(H:Hybrid):完成二线与四线的转换,即实现模拟二线双向信号与PCM发送、接收数字四线单向信号之间的连接。过去这种功能由混合线圈实现,现在改为由集成电路实现,因此称为混合电路。

⑦ 测试(T:Test):对用户电路进行测试。

2. 用户线接口电路

SLIC 功能模拟框图如图 4.2 所示。

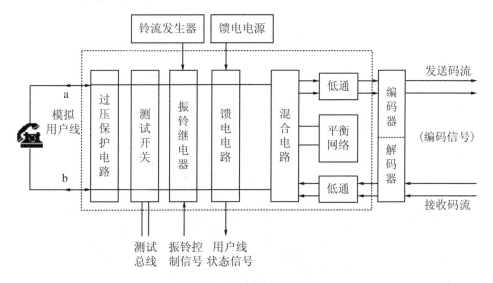

图 4.2　SLIC 功能模拟框图

在本实验系统中,SLIC 选用的是 AM79R70 集成芯片,它的作用包含向用户话机恒流馈电、向被叫用户话机馈送铃流、用户摘机后自行截除铃流、摘挂机的检测及音频或脉冲信号的识别、话音信号的二/四线混合转换、外接振铃继电器驱动输出。AM79R70SLIC 的双向传输损耗均为-1 dB,供电电源分别为$+5$ V 和-5 V,可将输入的铃流信号放大,以达到电话振铃工作的要求。其各项性能指标符合邮电部制定的有关标准。

(1) 电路的基本特性

① 向用户馈送铃流。

② 向用户恒流馈电。

③ 过压过流保护。

④ 被叫用户摘机自截铃。

⑤ 摘挂机检测。

⑥ 音频或脉冲拨号检测。

⑦ 振铃继电器驱动输出。

⑧ 话音信号的二/四线转换。

⑨ 无需耦合变压器。

(2) 主要功能

① 向用户话机供电。AM79R70(图 4.3)可对用户话机提供恒流馈电,馈电电流由 VBAT 及 VDD 供给。具体如下:

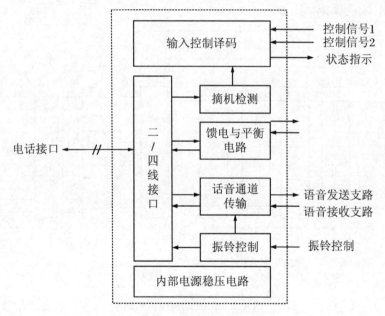

图 4.3　SLICAM79R70 向用话机供电图

A. 供电电源 VBAT 电压采用－48 V。

B. 在静态情况下(不振铃、不呼叫),－48 V 电源通过继电器静合点接至话机。

C. 在振铃时,－48 V 电源通过振铃支路经继电器动合点接至话机。

D. 用户挂机时,话机叉簧下压,馈电回路断开,回路中无电流流过。

E. 用户摘机后,话机叉簧上升,接通馈电回路(在振铃时接通振铃支路)。

② AM79R70 内部具有过压保护的功能,可以抵抗 TIP-RING 端口间的瞬时高压,若结合外部的压敏电阻保护电路,则可抵抗 250 V 左右的高压。

③ 振铃电路可由外部的振铃继电器和用户电路内部的继电器驱动,并使铃流

电源向用户馈送铃流:当继电器控制端(RC 端)输入高电平时,继电器驱动输出端(RD 端)输出高电平,继电器接通,此时铃流电源通过与振铃继电器连接的 15 端(RV 端)经 TIP-RING 端口向被叫用户馈送铃流。当控制端(RC 端)输入低电平或被叫用户摘机都可截除铃流。用户电路内部有一振铃继电器感应电压,用以抑制(钳位)二极管。

④ 监视用户线的状态变化,即检测摘挂机信号,具体如下:

A. 用户挂机时,用户状态检测输出端输出低电平,以向 CPU 控制系统表示用户"闲"。

B. 用户摘机时,用户状态检测输出端输出高电平,以向 CPU 控制系统表示用户"忙"。

C. 若用户拨电话号码的方式为脉冲拨号,该用户状态输出端应能输出拨号数字脉冲。回路断开时,输出低电平,回路接通时输出高电平(注:本实验系统不选用脉冲拨号方式,只采用 DTMF 双音多频拨号方式)。

⑤ 在 TIP-RING 端口传输的话音信号为对地平衡的双向话音信号,在四线 VR 端与 VX 端传输的信号为收发分开的不平衡话音信号。AM79R70 可以进行 TIP-RING 端口与四线 VTX 端和 RSN 端间话音信号的双向传输和二/四线混合转换。

⑥ AM79R70 可以提供用户线短路保护:TIP 线与 RING 线间、TIP 线与地间、RING 线与地间的长时间短路对器件都不会造成损坏。

⑦ AM79R70 提供的双向话音信号的传输衰耗均为 40 dB。该传输衰耗可以通过 AM79R70 用户电路内部来调整,也可通过外部电路来调整。

⑧ AM79R70 的四线端口可供话音信号编译码器或交换矩阵使用。

五、实验步骤

① 阅读 AM79R70 资料和电路,理解电路的工作原理。

② 通过电源线接通电源,打开实验箱电源开关,准备好电话机开始实验。

③ 将甲方一路接上话机,分别摘机和挂机,在摘机和挂机时用示波器测量 TP_{301},TP_{302},TP_{303} 的电压。

④ 将甲方一路分别摘机和挂机,利用示波器观察 TP_{303} 的波形。注意:此时应将示波器设为直流耦合,探针衰减设为×1。

⑤ 通过键盘和液晶显示,选择时分交换方式,用甲方一路呼叫甲方二路,利用示波器观察 TP_{301} 的波形。示波器推荐设置:交流耦合,电压 100 mV,时基 500 μs,探头衰减×1。

⑥ 实验结束,关掉实验箱电源开关,整理实验数据,编写实验报告。

六、实验报告

① 画出本次实验的电路框图,叙述实验过程。

② 画出 TP_{301},TP_{302},TP_{303} 在摘挂机前后的波形、电平,并简述这三个测试点的意义。

七、思考题

① 简述模拟用户线接口电路的七种功能。

② 试说明 AM79R70 电路的工作原理。

实验二 程控交换 PCM 编译码

一、实验目的

① 掌握 PCM 编译码器在程控交换机中的作用。

② 熟悉单片 PCM 编译码集成电路 TP_{3057} 的电路组成和使用方法。

③ 观测 PCM 相关各测试点的工作波形。

二、实验设备

20 M 通用示波器一台,LTE-CK-02E 型实验箱一个,话机两部。

三、实验原理

数字通信示意框图如图 4.4 所示。

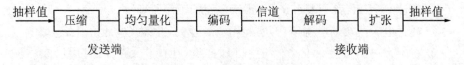

图 4.4 数字通信示意框图

量化是将幅度连续的模拟信号变成幅度离散的数字信号,即将信号的幅度限制在有限个离散值上。只要信号的幅度落在某一个量化级内,就可用中间值或起始值来代表信号的量化值。

信号的量化方法通常有两种:均匀量化和非均匀量化。非均匀量化的量化间隔是不相等的,大信号区的量化间隔大,小信号区的量化间隔小,即量化间隔 ΔV

是不固定的。

那么如何实现非均匀量化？一种办法是，在对信号进行编码之前，先对小信号进行高增益的放大，对大信号则使增益很小，甚至没有增益，然后再进行均匀量化及编码。完成这一任务的部件称为压缩器，它的输入输出特性称为压缩特性。而接收端恰要与此相反，解码后的信号经过扩张器，使信号还原成原值。

目前国际上广泛采用的压扩特性只有两种：A 律和 u 律。

A 律压扩特性是根据非均匀量化的概念推导出来的，它是一种对数压扩特性，分为两段。其输出 y 与输入 x 的关系为

$$y=\begin{cases} A/(1+\ln A)x & (0 \leqslant x \leqslant 1/A) \\ (1+\ln A \cdot x)/(1+\ln A) & (1/A < x \leqslant 1) \end{cases}$$

u 律压扩特性是由三极管的特性演变而来的，它也是一种对数压扩特性。其输出 y 和输入 x 的关系式为

$$y=\ln(1+u|x|)/\ln(1+u) \quad (0 \leqslant x \leqslant 1)$$

A 律和 u 律的性能基本相似，各有优缺点。u 律最早是由美国提出的，在北美和日本被采用。之后 A 律由欧洲提出，在欧洲和中国被采用。它们是由国际电报电话咨询委员会(CCITT)建议共存的两个标准，但在国际通路中均采用 A 律。

四路数字电话编译码电路的原理图都是一样的，因此只对其中一路进行说明。图 4.5 是甲方一路的 PCM 编译码电原理框图，图 4.6 是甲方一路 PCM 编译码数字信号波形图。

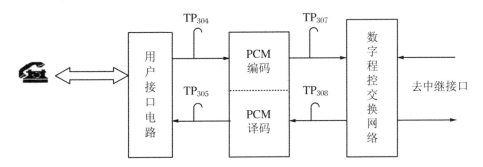

图 4.5　甲方一路 PCM 编译码电原理框图

四、实验内容

① 熟悉 A 律编解码的原理。

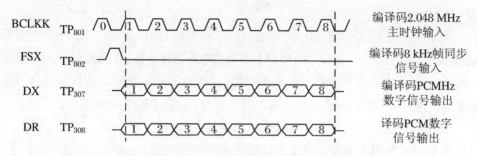

图 4.6　甲方一路 PCM 编译码数字信号波形图

② 了解 PCM 信号的实现方法。
③ 观测 PCM 信号，加深对 PCM 信号的理解。

五、实验步骤

① 打开实验箱电源开关，在甲方一路和甲方二路接上电话机。
② 按"开始"键，进入主菜单，然后通过按上、下方向键选择交换方式子菜单，再按"确认"键进入交换方式菜单，选择时分交换，此时时分交换工作指示灯亮起。
③ 将甲方一路与甲方二路按正常呼叫接通，建立正常通话后，通过话机输入话音信号或双音多频信号。在人工交换单元，甲方一路、甲方二路各收发测试点（TP_{304}，TP_{305}，TP_{404}，TP_{405}）进行观察测试。
④ 测试并分析 PCM 编译码电路各测试点的波形。各测试点波形说明如下：
TP_{304}：甲方一路 PCM 模拟话音信号输入。
TP_{305}：甲方一路 PCM 模拟话音信号输出。
TP_{307}：甲方一路 PCM 数字信号输出。
TP_{308}：甲方一路 PCM 数字信号输入。
TP_{307}，TP_{308} 测试推荐设置：交流耦合，电压 500 mV，时基 2 μs，探头衰减×10。
⑤ 实验结束，关闭电源开关，整理实验数据，完成实验报告。

六、注意事项

① 在进行 PCM 实验时，对于 TP_{3067} 芯片操作要特别谨慎，+5 V，−5 V 电源必须同时加入，以保证该芯片有接地回路，否则，该芯片特别容易损坏。本实验系统已解决了+5 V 与−5 V 同时供电问题。
② 观测各测试点波形时，示波器探头不能乱碰其他测试点。
③ 在 PCM 编译码电路中，在没有外加信号输入时，PCM 编码电路还是有输出信号的，此时该芯片对输入随机噪声进行编译码，一旦有信号输入，它会立即对输入信号进行编码。

七、实验报告

① 画出各测试点的波形,并注明它是在何种状态下测试到的波形。
② 写出对实验电路的改进措施和体会。

八、思考题

① 简要说明采样量化编码的含义。
② 分析说明 A 律编解码的原理与实现方法。

实验三 DTMF 译码

一、实验目的

① 了解电话号码双音多频信号在程控交换系统中的发送和接收方法。
② 熟悉该电路的组成及工作过程。
③ 观测电话机发送的 DTMF 信号波形。
④ 观测 DTMF 信号的接收工作波形。

二、实验设备

20 M 通用示波器一台,LTE-CK-02E 型实验箱一个,话机两部。

三、实验原理

双音多频信号(DTMF)接收器包括 DTMF 分组滤波器和 DTMF 译码器,基本原理如图 4.7 所示。DTMF 接收器先经高、低群带通滤波器进行 f_L/f_H 区分,然后过零检测、比较,得到相对应于 DTMF 的两路 f_L,f_H 信号输出。这两路信号经译码、锁存、缓冲,恢复成对应于十六种 DTMF 信号音对的四比特二进制码($D_1 \sim D_4$)。

信号输入
输入电路
高频组带通滤波器
过零检测器
低频组带通滤波器
过零检测器
码变换
锁存与缓冲

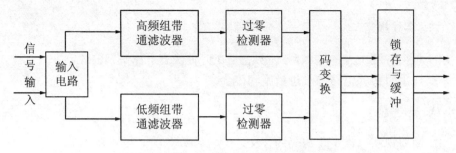

图 4.7 典型 DTMF 接收器的原理框图

在本实验系统电路中，DTMF 接收器采用的是 MT8870 芯片，图 4.8 为其管脚排列图。

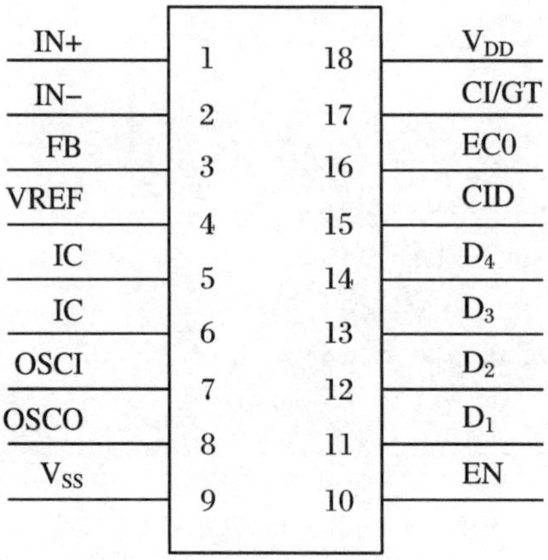

IN+
1
IN−
2
FB
3
VREF
4
IC
5
IC
6
OSCI
7
OSCO
8
V_{SS}
9
18
V_DD
17
CI/GT
16
EC0
15
CID
14
D4
13
D3
12
D2
11
D1
10
EN

图 4.8 MT8870 芯片管脚排列图

1. 该电路的基本特性

① 具 DTMF 信号分离滤波和译码功能，输出相应的十六种 DTMF 频率组合四位。

② 并行二进制码。

③ 可外接 3.579 5 MHz 晶体，与内含振荡器产生基准频率信号。

④ 具有抑制拨号音和模拟信号输入增益可调的能力。

⑤ 二进制码为三态输出。

⑥ 提供基准电压($V_{DD}/2$)输出。

⑦ 电源电压+5 V。

⑧ 功耗为 15 mW。

⑨ 工艺为 CMOS。

⑩ 封装为十八引线双列直插。

2. 管脚引出端符号简要说明

IN+,IN−：运放同、反相输入端,模拟信号或 DTMF 信号从此端输入。

FB：运放输出端,外接反馈电阻可调节输入放大器的增益。

VREF：基准电压输出。

IC：内部连接端,应接地。

OSC_1,OSC_0：振荡器输入、输出端,两端外接 3.579 5 MHz 晶体。

EN：数据输出允许端,若为高电平输入,即允许 $D_1 \sim D_4$ 输出;若为低电平输入,则禁止 $D_1 \sim D_4$ 输出。

$D_1 \sim D_4$：数据输出,相应于十六种 DTMF 信号(高、低单音组合)的四位二进制并行码,为三态缓冲输出。

CI/GT：控制输入,若此输入电压高于门限值 V_{TST},则电路将收 DTMF 单音对,并锁存相应码字于输出中;若输入电压低于 V_{TST},则电路不接收新的单音对。

EC_0：初始控制输出,若电路检测出一可识别的单音对,则此端即变为高电平;若无输入信号或连续失真,则 EC_0 返回低电平。

CID：延迟控制输出,当一有效单音对被接收时,若 CI 电压超过 V_{TST},输出锁存器被更新,则 CID 为高电平;若 CI 电压低于 V_{TST},则 CID 返至低电平。

V_{DD}：接正电源,通常电压为+5 V。

V_{SS}：接负电源,通常接地。

3. 电路的基本工作原理

典型 DTMF 接收器的主要功能：输入信号的高低频组带通滤波、限幅、频率检测与确认、译码、锁存与缓冲输出及振荡、监测等。具体说来,就是 DTMF 信号从芯片的输入端输入,经过输入运放和拨号音抑制滤波器进行滤波后,分两路分别进入高、低频组滤波器以分离检测出高、低频组信号。

如果高、低频组信号同时被检测出来,便在 EC_0 输出高电平,并作为有效检测 DTMF 信号的标志;如果 DTMF 信号消失,则 EC_0 返回至低电平,与此同时,EC_0 通过外接 R 向 C 充电,得到 CI,GT。

若经 t_{GTP} 的延时后,CI,GT 电压高于门限值 V_{TST} 时,产生内部标志。这样,该电路在出现 EC_0 标志时,将证实后的两个单音送往译码器,变成四比特码字并送到输出锁存器;而 CI 标志出现时,则该码字送到三态输出端 $D_{01} \sim D_{04}$;另外,CI 信号经形成和延时,从 CID 端输出,提供一选通脉冲,表明该码字已被接收和输出更新,若积分电压降到门限 V_{TST} 以下,会使 CID 也回到低电平。

MT8870 的译码见表 4.1,图 4.9 为双音多频实验系统的电路原理框图。其中,数据输出允许端 EN 的测试点为 TP_{309}。

表 4.1 MT8870 译码表

f_L(Hz)	f_H(Hz)	序号	EN	D_{04}	D_{03}	D_{02}	D_{01}
697	1 209	1	H	L	L	L	H
697	1 336	2	H	L	L	H	L
697	1 477	3	H	L	L	H	H
770	1 209	4	H	L	H	L	L
770	1 336	5	H	L	H	L	H
770	1 477	6	H	L	H	H	L
852	1 209	7	H	L	H	H	H
852	1 336	8	H	H	L	L	L
852	1 477	9	H	H	L	L	H
941	1 336	0	H	H	H	H	L
941	1 209	*	H	H	H	L	H
941	1 477	#	H	H	H	L	L
697	1 633	A	H	H	L	L	H
770	1 633	B	H	H	H	H	L
852	1 633	C	H	H	H	H	H
941	1 633	D	H	L	L	L	L
			L	Z	Z	Z	Z

需要指出的是,一片 MT8870 芯片可以对两路用户电路进行号码检测接入。为了不影响电路的正常工作,需由模拟开关来接通或断开 DTMF 信号。模拟开关的第二个作用是对话音信号进行隔离,阻止话音信号进入 MT8870 芯片,防止误动作的产生。在实际应用中,一片 MT8870 芯片至多可以接入检测十六路用户电路的 DTMF 信号,此时,采取排队等待方式进行工作。当然,在这种电路的具体设计中,要全面考虑电路的设计,使之能正常工作而不出现漏检测现象。

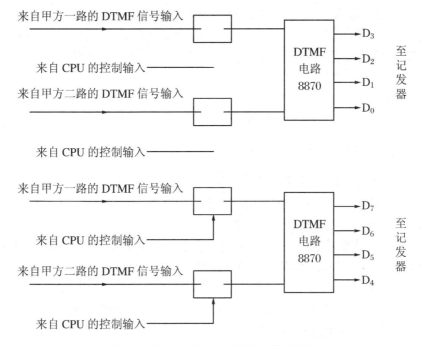

图 4.9 双音多频实验系统的电路原理框

四、实验内容

① 用示波器观察并测试发送 DTMF 信号的波形,在用户线接口电路的输入端进行测试,即在甲方一路用户线接口电路的测试点 TP_{301} 与 TP_{302} 进行测试。

② 用示波器观察并测试 DTMF 信号接收的波形,在 MT8870 电路输入端 TP_{304},其中,TP_{309} 为 DTMF 译码有效状态测试点。

五、实验步骤

① 通过电源线接通电源,打开实验箱电源开关。

② 将甲方一路和乙方一路接上电话单机。

③ 打开实验箱电源开关,按"开始"键,进入主菜单,然后通过按上、下方向键选择交换方式子菜单,再按"确认"按钮进入交换方式菜单,选择空分交换。

④ 让一位同学将甲方二路用户摘机,听到拨号音后开始拨号,即按电话单机上的拨号键,此时液晶屏上将显示所拨的号码,同时译码指示灯的 D_0,D_1,D_2,D_3 组成的二进制码(8421)显示的是 MT8870 的译码值。让另一位同学对有关电路的测试点进行观察并记录波形。测试点有:

TP_{301}:示波器推荐设置为交流耦合,电压 100 mV,时基 500 μs,探头衰减×1。

TP_{304}：示波器推荐设置为交流耦合，电压 500 mV，时基设为 500 μs，探头衰减×1。

TP_{309}：示波器推荐设置为直流耦合，电压 2.0 V，时基设为 500 μs，探头衰减×1。

⑤ 电话单机不工作时，即不发送 DTMF 波形时，再测试上述各路波形。

⑥ 实验结束，关掉电源开关，整理实验数据，完成实验报告。

六、注意事项

① D_0，D_1，D_2，D_3 四个译码指示灯指示的是 U_{308} 的译码值，其中 D_3 为高位，D_0 为低位。D_4，D_5，D_6，D_7 四个译码指示灯指示的是 U_{508} 的译码值，其中 D_7 为高位，D_4 为低位。实验时可考虑只选做其中的一路。

② 由于本实验箱的号码长度为四位，实验时若拨打的号码不被记发器识别，将显示"被叫空号"，同时 MT8870 的译码通道将被切断，此时可以挂机一次，然后重新进行测试。

③ 使主机实验箱通电处于正常工作状态，并严格遵循操作规程。

④ 在测试观察上述各测试点波形时，两位同学一定要配合好，即一位同学按照正常拨打电话的顺序进行操作，另一位同学要找到相应的测试点和有关电路单元，慎重操作，仔细体会实验过程中的各种实验现象。

⑤ 在测试 TP_{301} 或 TP_{401} 点时，示波器接头的另一接地线接到 TP_{302} 或 TP_{402} 点上。

七、实验报告

① 画出 DTMF 接收电路的电原理图，并简要分析工作过程。

② 观测 D_0，D_1，D_2，D_3 四个译码指示灯指示的译码值。

③ 画出接收 DTMF 信号的过程中测试点在有、无信号状态下的波形。

八、思考题

① 简述 DTMF 的译码原理。

② 分析说明 MT8870 电路的工作过程。

实验四 主叫识别

一、实验目的

① 掌握主叫识别的工作原理。
② 了解主叫识别功能实现的过程。

二、实验设备

20 M 通用示波器一台,LTE-CK-02E 型实验箱一台,话机两部,可显电话一部。

三、实验原理

1. CID 功能介绍

来电显示又称主叫识别(Calling Identity Delivery,CID)。CID 业务是向被叫电话用户提供的一种新的服务项目,是指在被叫用户终端设备上显示主叫号码、主叫用户姓名、呼叫日期和呼叫时间等主叫识别信息,并进行存储以供用户查阅的一种服务项目。

实现 CID 的基本方法是:发端交换机将主叫号码等通过局间信令系统(例如 No.7 信令系统)传送给终端交换机,终端交换机将主叫识别信息以移频键控(FSK)的方式传送给被叫用户终端设备,如图 4.10 所示。

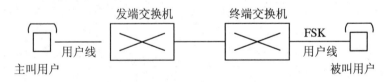

图 4.10 CID 传送方法示意图

来电显示分为两种:一种是挂机状态(On Hook),即当用户甲向用户乙打电话时,用户乙的电话机可以收到并显示交换机送来的用户甲的电话号码等信息,在第一次振铃和第二次振铃间隔期间送给被叫用户终端设备,称之为 A 类方式;另一种是摘机状态(Off Hook),即用户甲、乙正在通话时,用户丙又呼叫用户乙,乙听到提示音的同时可以收到用户丙的电话号码,此时乙可根据需要选择通话对象,在此状态下,CID 业务必须以呼叫等待(Call Waiting)业务为前提,称之为 B 类方式。

本实验只实现 A 类方式。

2. CID 信息数据传送协议

在一次呼叫中若被叫用户申请了 A 类方式 CID 业务,则终端交换机向该被叫用户传送 CID 信息数据的传送时序如图 4.11 所示。

图 4.11 主叫识别信息数据传送时序

A:1 s 铃流;B:0.5～1.5 s 第一次振铃结束与数据传送开始之间的时间间隔;C:2.9 s,传送数据的时间,包括信道占用信号和标志信号;D:200 ms,数据传送结束与第二次振铃开始之间的时间间隔;E:1 s 铃流,B+C+D:应为 3.6 s,各时段可根据具体情况定。

在数据传送过程中,如果用户摘机,则传送停止且呼叫处理正常进行。

3. 功能实现

目前国内来电显示制式有 FSK,DTMF(双音频)两种,本实验系统采用的是 DTMF 制式。DTMF(Dual Tone Multiple Frequency)传送主叫用户电话号码选用 8 个频率,分为高、低两组,每组各 4 个频率,每个信号由高、低频率组中各 1 个频率合成,8 中取 2,共有 16 种组合方式,代表 16 种不同信息。用不同的频率组合代表不同的数据进行主叫号码信息传递。

表 4.2 DTMF 制式

Hz \ Hz	1209	1336	1477	1633
697	1	2	3	A
770	4	5	6	B
852	7	8	0	C
941	*	0	#	D

A 类方式的传输时序为:首先是反极信号,然后为 DTMF 消息数据信号,最后进入振铃序列。DTMF 消息数据信号的格式为头标志、电话号码、尾标志。头标志为 ABCD 中的任意一个字符;尾标志为 ABCD 中的任意一个字符;电话号码是 0～9 的字符串。

其中,反极性型号到第一个 DTMF 数据所用时间不少于 80 ms,DTMF 消息数据信号为字符/间隔时间为 48/48 ms 的数据串,最后一个 DTMF 消息数据结束到正常振铃时间不少于 80 ms。

MT8888 芯片是 MITEL 公司采用互补金属氧化物半导体（CMOS）工艺生产的一种低功耗、高集成度的 DTMF 信号收、发芯片。MT8888 是采用 CMOS 工艺生产的 DTMF 信号收发一体集成电路，它的发送部分采用信号失真小、频率稳定性高的开关电容式 D/A 转换器，可发出 16 种双音多频 DTMF 信号。接收部分用于完成 DTMF 信号的接收、分离和译码，并以四位并行二进制码的方式输出。MT8888 芯片集成度高、功耗低，可调整双音频模式的占空比，能自动抑制拨号音和调整信号增益，还带有标准的数据总线，可与晶体管-晶体管逻辑电平（TTL 电平）兼容，并可方便地进行编程控制。其结构如图 4.12 所示。

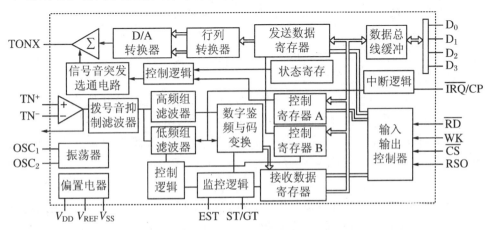

图 4.12　MT8888 内部结构图

MT8888 内部由收发电路、振荡器和电源偏置电路组成。收码电路包括信号放大、拨号音抑制滤波、输入信号的高低频带通滤波、译码及锁存等功能；发码电路包括数据锁存、行列计数 D/A 转换和混频等功能。

主要管脚定义如下：

IN^+：运放同相输入端。

IN^-：运放反相输入端。

GS：运放输出端。

V_{REF}：基准电压输出端，电压值为 $V_{DD}/2$。

V_{SS}：接地端。

OSC_1：振荡器输入端。

OSC_2：振荡器输出端。

TONE：DTMF 信号输出端。

WR：写控制端，低电平有效，与 TTL 兼容。

CS：片选端，低电平有效。

RSO：存储器选择输入端，与 TTL 兼容。

RD：读控制端，低电平有效，与 TTL 兼容。

4. 用户交换机

用户交换机（Private Branch Exchange，PBX）是一种商业电话系统，其基本功能是进行语音交换，以交换矩阵来建立和维持路径，使主叫与被叫能通话，达到自动交换效果，集中电话后共用外线连接到电信公司的交换设备。

（1）PBX 特点

① 对外只需公布一个引示号，便于客户记忆。一个好的引示号能突出企业形象，给用户留下深刻印象，如武汉凌特电子技术有限公司的引示号为027-87800788。

② 内部通话不收费。对于办公室较多且部门间联系频繁的大公司十分有用，以此充分利用有限的电话资源。

③ 功能强大。除了具有常用的十多种用户功能外，还具备其他几十种功能。例如，秘书电话、旁路转换、广播呼叫、自动呼叫分配、时间显示、用户代答等；酒店管理功能，如入住登记、结账、免打扰、客人名册、客房分机闭锁、房间状态、自动叫醒、计费系统等。此外，只需对软件或硬件略加修改，PBX 就能实现用户特殊要求。

（2）PBX 的原理

有外线接入的时候，外线接口检测到振铃信号 LINE_RING，该信号送入记发器单元。记发器延时一段时间，发出模拟摘机命令 PICKUP，接通话路。同时，向外线送出分机拨号提示音，此时记发器开始接收 DTMF 信号。如果拨号正确，则通过交换单元将话路交换到相应的分机上，实现外线和分机的通话；当内线分机需要拨打外线时，用户必须先拨外线接入号，如果权限允许且外线不忙，则发出模拟摘机命令 PICKUP，接通话路。同时，通过交换单元将分机话路交换到外线上，实现分机和外线的拨号和通话。

四、实验内容

① 熟悉来电显示的标准。

② 了解来电显示的实现方法。

③ 实验测试点说明：

TP_{901}：外线 DTMF 来电显示信号输入端。

TP_{902}：当 MT8888C 检测到有效的 DTMF 输入信号时，MT8888C 产生中断信号。

TP_{903}：甲方一路 DTMF 来电显示信号发送端。

五、实验步骤

1. 来电显示发送

① 将话机接在实验箱 A 的甲方二路和乙方二路用户端口上,打开实验箱电源。

② 将示波器接在实验箱 A 测试点 TP_{903} 上,交换方式设为空分交换。

③ 用乙方二路的话机呼叫甲方二路,注意观察示波器,可以看到在第一次振铃信号之前有断续的 DTMF 信号,此时,被叫方话机可以显示主叫号码。

④ 挂机后再次呼叫,这时注意在示波器显示 DTMF 信号时,停止示波器的采样。这时可以在示波器屏幕上显示静止的信号。测量 DTMF 消息数据信号的个数、间隔,以及最后一个 DTMF 信号和振铃信号之间的时间间隔。

2. 来电显示接收

① 将程控交换实验箱 A 作为用户交换机,实验箱 B 作为局用交换机。将实验箱 A 的外线接口接在实验箱 B 的甲方二路用户端口上。将一部电话机接在实验箱 B 的乙方二路用户端口上。如图 4.13 所示。

② 通过菜单同时将实验箱 A 和 B 设为空分交换方式。

③ 将示波器接在实验箱 A 的测试点 TP_{901},TP_{902} 上,将示波器的触发源设为 TP_{902}。

④ 用实验箱 B 乙方二路的话机呼叫甲方二路,在收到第一声振铃信号之前观察示波器上的信号。

⑤ 在实验箱 A 的屏幕上显示来电的号码。

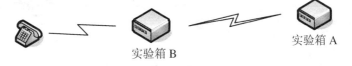

图 4.13 来电显示接收连线示意图

六、实验报告

简要绘制出 DTMF 制式来电显示的波形。

七、思考题

① 简述 CID 的工作原理。

② 请上网或通过其他途径查找相关资料,了解 CID 的发展阶段及未来的发展趋势、采用的技术等。

实验五 信号音的产生

一、实验目的

① 了解常用的几种信令信号音和铃流发生器的电路组成和工作过程。
② 熟悉这些信号音和铃流信号的技术要求。

二、实验设备

20 M 通用示波器一台,LTE-CK-02E 型实验箱一个,电话一部。

三、实验原理

在话机与交换机之间的用户线上,要沿两个方向传递语言信息。但是,为了实现一次通话,就必须沿两个方向传送所需的控制信号。比如,当用户想要通话时,系统必须首先向程控机提供一个信号,以让交换机识别并使之准备好有关设备;此外,还要把指明呼叫目的地的信号发往交换机。当用户想要结束通话时,系统也必须向电信局交换机提供一个信号,以释放通话期间所使用的设备。除了需向用户传送交换机信号之外,还需要传送相反方向的信号,如关于交换机设备状况及被叫用户状态的信号。如图 4.14 所示。

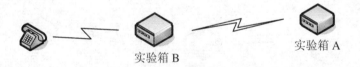

图 4.14 系统传送信号流程图

由此可见,一个完整的电话通信系统,除了交换系统和传输系统外,还应有信令系统。

用户向电信局交换机发送的信号有用户状态信号(一般为直流信号)和号码信号(地址信号)。交换机向用户发送的信号有各种可闻信号与振铃信号(铃流)两种。

1. 各种可闻信号

一般采用频率为 500 Hz 或者 450 Hz 的交流信号(本实验箱采用 500 Hz 交流信号)。例如:

① 拨号音(Dial Tone)：连续发送的 500 Hz 信号。
② 回铃音(Echo Tone)：以 1 s 送 4 s 断 5 s 断续方式发送的 500 Hz 信号。
③ 忙音(Busy Tone)：以 0.35 s 送 0.35 s 断 0.7 s 断续方式发送的 500 Hz 信号。
④ 催挂音：连续发送的响度较大的信号，与拨号音有明显区别。

2. 振铃信号(铃流)

一般采用的频率为 25 Hz，以 1 s 送 4 s 断 5 s 断续的方式发送。

① 拨号音由 U_{201}(EPM3256)产生，频率为 500 Hz，幅度在 2 V 左右。测试点为 TP_{06}。

② 回铃音由 U_{201}(EPM3256)产生，为 1 s 通 4 s 断重复周期为 5 s 的信号。测试点为 TP_{04}。

③ 忙音由 U_{201}(EPM3256)产生，为 0.35 s 通 0.35 s 断的重复周期为 0.7 s 的 500 Hz 的信号，测试点为 TP_{07}。

④ 铃流控制信号是由 U_{201}(EPM3256)25 Hz 方波经 RC 积分电路后形成的。铃流信号送入 AM79R70 后，通过 AM79R70 的功率提升向用户送出铃流，完成振铃，测试点为 TP_{05}。

图 4.15 为各测试点工作波形图，依次为回铃控制信号、铃流信号、拨号音信号、忙音信号的波形。

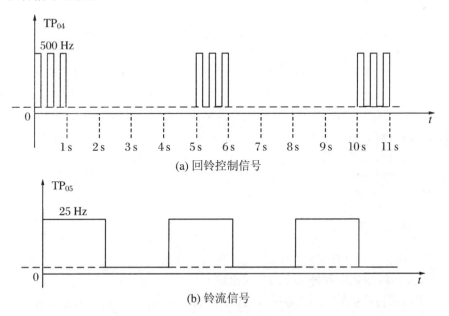

图 4.15 各测试点工作波形图

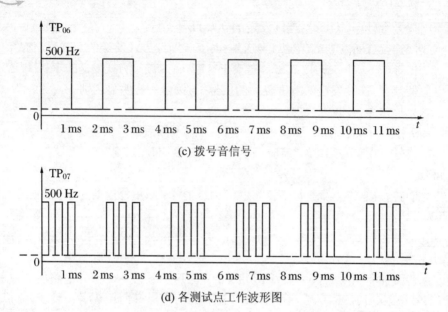

(c) 拨号音信号

(d) 各测试点工作波形图

续图 4.15

四、实验内容

① 用示波器测试各测试点拨号音、忙音、空号音、催挂音、回铃音及铃流控制信号的电压。

② 用示波器测试各测试点拨号音、忙音、空号音、催挂音、回铃音及铃流控制信号的波形。

③ 各测试点说明如下：

TP_{04}：回铃音信号。

TP_{05}：铃流控制信号。

TP_{06}：拨号音信号。

TP_{07}：忙音信号。

五、实验步骤

① 接通电源,打开实验箱电源开关,准备好话机。

② 用示波器观察各种信令信号输出波形：

TP_{04}：回铃音信号。示波器推荐设置：直流耦合,电压 500 mV,时基设为 0.5 ms,探头衰减×10。

TP_{05}：铃流控制信号(此时必须用甲方二路呼叫甲方一路)。示波器推荐设置：交流耦合,电压 50 mV,时基 10 ms,探头衰减×10。

TP_{06}：拨号音信号。示波器推荐设置：直流耦合，电压 500 mV，时基 0.5 ms，探头衰减×10。

TP_{07}：忙音信号。示波器推荐设置：直流耦合，电压 500 mV，时基设 0.5 ms，探头衰减×10。

③ 将两部话机分别接在甲方一路和乙方一路上。

④ 用甲方一路呼叫乙方一路，用示波器观察 TP_{301} 的波形。示波器推荐设置：交流耦合，电压 100 mV，时基 500 μs，探头衰减×1。

⑤ 实验结束，关掉电源，整理实验数据，完成实验报告。

六、注意事项

在测量 25 Hz 的铃流信号发生器输出的波形时，一定要注意示波器的电压量程，以防损坏设备。

七、实验报告

① 测量各测试点拨号音、忙音、空号音、催挂音、回铃音及铃流控制信号的电压。
② 画出各测试点拨号音、忙音、空号音、催挂音、回铃音及铃流控制信号的波形。

八、思考题

① 简述一个完整电话通信系统工作过程中用户与交换机间所需的信令信号音和铃流音及其功能。
② 分析说明信令信号音和铃流音发生器的电路组成和工作过程。

实验六　PC 话务监视

一、实验目的

① 了解计算机串口通信原理。
② 熟悉程控交换软件的使用。

二、实验设备

电话两部，LTE-CK-02E 型实验箱一台，串口线一根，计算机一台。

三、实验原理

程控交换机配备有专门的网管模块，网管模块的功能是采集程控交换机的实时数据,并且向程控交换机其他模块传送控制或监视指令(PC 机网管系统向程控交换机发送的指令),使得程控交换机运行在受控状态下。

通过网管软件和网管模块,操作员可以随时了解交换机的工作状态和话务情况。当交换机某一端口进行摘机、挂机、拨号、呼叫时,网管模块将采集到的端口状态和话路阻塞、接续等状态传送给网管软件,然后网管软件将采集到的数据进行加工整理,并且以适当的形式表现出来,这样就完成了话务监视。

计算机与外界的信息交换称为通信。常用的通信方式有两种:并行通信与串行通信,又称并行传送和串行传送。并行传送具有传送速度快、效率高等优点,但传送多少数据位就需要多少根数据线,传送成本高;串行传送是按位顺序进行数据传送,最少仅需一根数据线即可完成,传送距离远,但传送速度慢。串行传送又分同步串行和异步串行两种方式。

本实验箱与网管软件的接口采用 RS232C 标准,通信方式为异步串行。计算机串口使用异步串行方式,将数据分为一帧一帧的进行传送,即通信一次传送一个完整字符。字符格式如图 4.16 所示。

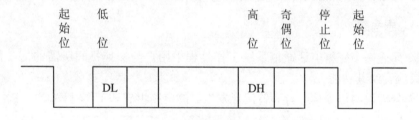

图 4.16　计算机串口异步通信方式

当窗口打开时,默认为接收程控实验箱数据的状态,用以检查上位机与程控实验箱连接是否正常,可通过接收从实验箱发出的数据来判断。接收到数据表示连接正常,否则检查连接。点击"停止接收"按钮,"停止接收"按钮转变成"接收数据"按钮,如图 4.17 所示。

点击"话务监视"按钮,或者使用快捷键 ALT+S,就可以打开话务监视子窗口,如图 4.18 所示。

此时可使用软件模拟话机监视收费功能,实时监视话机的摘机、挂机、通话等状态及话机通话所使用的交换方式。当有话机摘机时,软件会实时做出反应。当交换方式改变时,软件的状态也会实时改变。

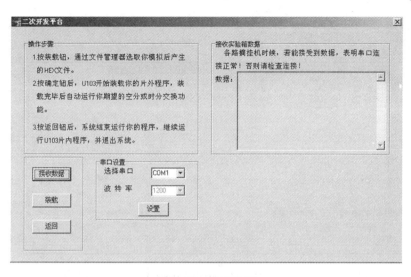

图 4.17 接收数据

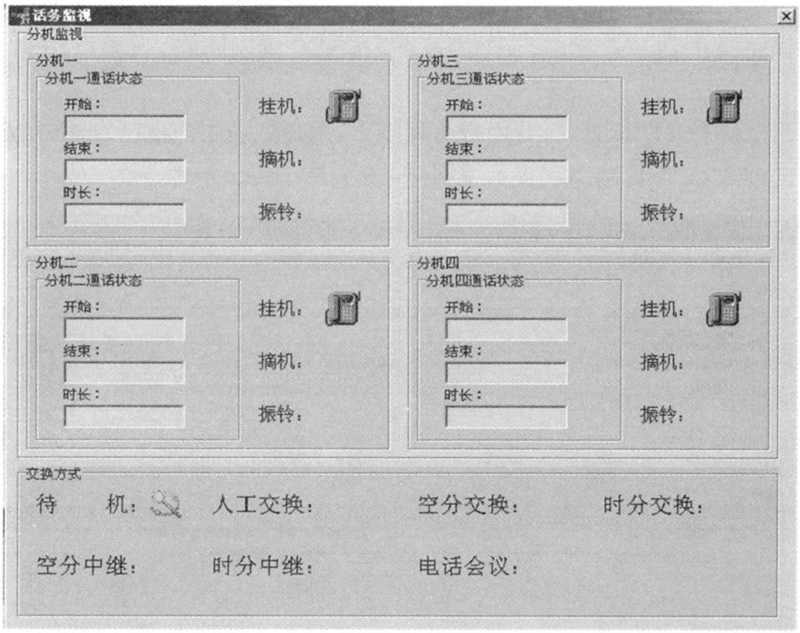

图 4.18 话务监视

通话结束后,通话时间由软件记录并写入数据库,同时进行计费等自动处理。点击"计费系统"按钮,或者使用快捷键 ALT+T,就可以打开计费系统子窗口,如图 4.19 所示。

图 4.19　计费系统(Ⅰ)

在历史话单列表内输入已有的用户名称,点击"查询"按钮,软件则自动计算出数据库内总计的话费金额,显示在"查询"按钮右侧。同时,列表框中列出查询结果。

点击"用户管理"标签,打开用户管理子页,用户列表中列出已有用户数据。当鼠标移向列表,右下侧会出现提示说明,如图 4.20 所示。

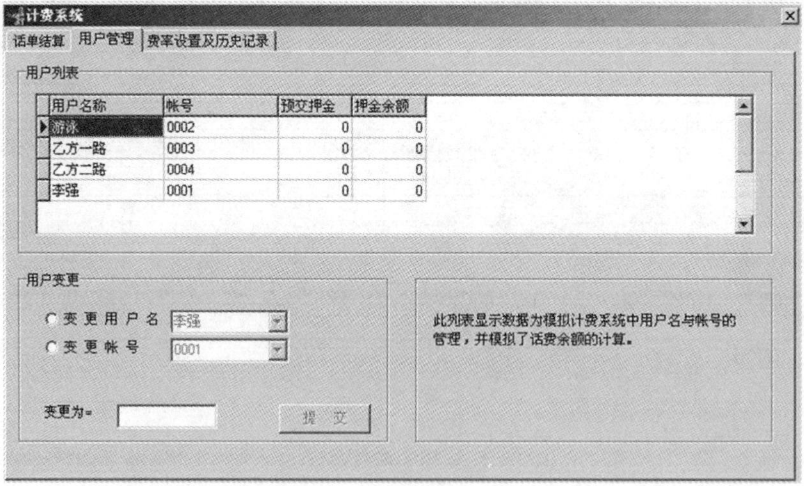

图 4.20　计费系统(Ⅱ)

点击用户变更子窗口中单选项"变更用户名"或"变更账号",即可激活修改用户名称和账号的功能。当点击"变更用户名"选项后,其右侧下拉列表框状态变为可使用状态,并在下拉列表中列出已有用户供选择。当选定一个用户名后,这个用户名即是即将被修改的用户名,此时,在下方"变更为 ="标签右侧输入新的用户名称。确认无误后,点击"提交"按钮,则被选中的用户名变更为修改后的用户名。"变更账号"参照"变更用户名"操作。

点击"费率设置及历史记录"标签,打开费率设置及历史记录子页,"历史话单记录列表"中列出已有用户历史通话计费数据,如图4.21所示。

图4.21 已有用户历史通话计费数据

在图4.21中,左下方为"费率设置"子窗口,右下方窗口可以进行条件查询。在"费率设置"子窗口的文本框中输入新的话费费率,话费费率应符合输入要求,确认无误后点击"设置通话计时费率",则通话计时费率被修改为当前所设置的新费率,并在"当前费率:"标签下方文本框中显示新设定的费率。

在图4.21右方查询窗口,按下拉列表窗选择的条件,在下拉列表右侧文本框中输入相应的条件,点击"查询"按钮,上方"历史话单记录列表"则按查询条件过滤出所查询的记录并显示出来,如图4.22所示。

图 4.22 所查询的记录

四、实验步骤

① 准备工作：

A. 用串口通信线连接实验箱的计算机通信接口和计算机的串口一。注意：不要错用成中继线。

B. 将电话机接在实验箱的任意两个用户端口上。

C. 启动程控交换系统后台管理软件，使用普通用户登录，密码为 123。

D. 打开实验箱电源。

② 通过操作程控实验箱上的薄膜键盘改变交换方式，在 PC 机上观察交换方式的变化情况。

③ 任意选择一种交换方式，用两部话机进行呼叫实验，观察液晶显示屏和 PC 机网管软件上的话务监视情况。

④ 通过菜单将实验箱设置为空分或时分交换方式。

⑤ 点"计费系统"菜单项，打开计费系统窗口，点击"费率设置及历史记录"标签，找到刚才的通话记录。

⑥ 改变电话机的端口，多次重复步骤③～⑤，产生较多的通话记录。

⑦ 进入计费系统的话单结算界面，可以看到每一个用户的话费统计。

⑧ 退出程控后台管理软件，重新进入，并使用管理员用户登录，密码也是 123。

⑨ 进入计费系统的"费率设置及历史记录"界面，更改费率。注意：普通用户权限是无法修改费率的。

⑩ 重复步骤④～⑨，观察不同费率下的话费记录。

⑪ 实验结束,关闭实验箱电源。

五、实验报告

① 画出一次通话全过程的流程图。
② 记录一次通话全过程的相关数据。

六、思考题

① 请上网或查找相关资料,了解 PC 话务监视的目的与主要内容。
② 简述计费系统各个部分的工作流程。

第五章 移动通信原理实验

本实验平台采用模块化设计,模块主要由标配模块和选配模块组成。

下面主要介绍移动通信实验平台中的九个标配模块,以便了解各模块的具体功能及作用。标配模块包括:

① 主控和信号源模块。
② 2 号模块:数字终端和时分多址模块。
③ 4 号模块:信道编码及交织模块。
④ 5 号模块:信道译码及解交织模块。
⑤ 10 号模块:软件无线电调制模块。
⑥ 11 号模块:软件无线电解调模块。
⑦ 12 号模块:高级多频段激励(AMBE)语音压缩模块。
⑧ 14 号模块:码分多址(CDMA)发送模块。
⑨ 15 号模块:CDMA 接收模块。

移动通信实验平台中选配模块比较多。这里仅对信道模拟模块、跳频模块和工业手机模块进行相关说明,其他选配模块暂不介绍。

一、主控和信号源模块

1. 按键及接口说明

按键及接口说明如图 5.1 所示。

2. 功能说明

对于该模块,可以进行如下五种功能的设置,具体设置方法如下:

(1) 模拟信号源功能

"模拟信号源"菜单由"信号源"按键进入,在该菜单下按"选择/确认"键可以依次设置输出波形/输出频率/调节步进/音乐输出/占空比(只有在输出方波模式下才出现)。在设置状态下,点击"选择/确认"键就可以设置参数了。菜单如图 5.2 所示。

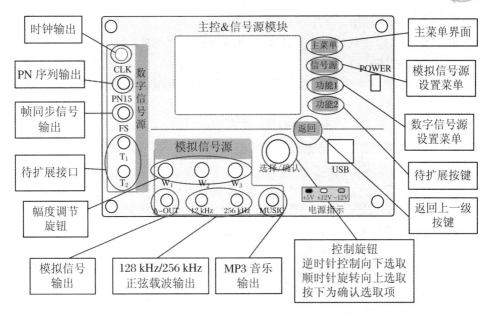

图 5.1 主控和信号源按键及接口说明

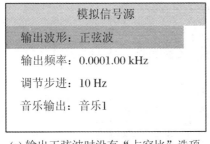

(a) 输出正弦波时没有"占空比"选项　　　　(b) 输出方波时有"占空比"选项

图 5.2 "模拟信号源"菜单示意图

注意：上述设置是有顺序的。例如，从"输出波形"设置切换到"音乐输出"，需要按三次"选择/确认"键。

下面对每一种设置进行详细说明：

① "输出波形"设置。一共有六种波形可以选择：

A. 正弦波：输出频率 10 Hz～2 MHz。

B. 方波：输出频率 10 Hz～200 kHz。

C. 三角波：输出频率 10 Hz～200 kHz。

D. DSBFC（全载波双边带调幅）：由正弦波作为载波，音乐信号作为调制信号。

输出全载波双边带调幅。

E. DSBSC(抑制载波双边带调幅)：由正弦波作为载波，音乐信号作为调制信号。输出抑制载波双边带调幅。

F. FM：载波频率固定为 20 kHz，音乐信号作为调制信号。

② 输出频率设置。点击"选择/确认"，顺时针旋转增大频率，逆时针旋转减小频率。频率增大或减小的步进值根据"调节步进"参数来调节。在"输出波形"为 DSBFC 和 DSBSC 时，设置的是调幅信号载波的频率。在"输出波形"为 FM 时，设置频率对输出信号无影响。

③ 调节步进设置。"选择/确认"顺时针旋转可以增大步进，逆时针旋转减小步进。步进分为 10 Hz,100 Hz,1 kHz,10 kHz,100 kHz 五档。

④ 音乐输出设置。设置 MUSIC 端口输出信号的类型。有三种信号输出：音乐1、音乐2、3K+1K 正弦波三种。

⑤ 占空比设置。点击"选择/确认"，顺时针旋转可以增大占空比，逆时针旋转减小占空比。占空比调节范围为 10%～90%，以 10% 为步进调节。

(2) 数字信号源功能

数字信号源菜单由"功能1"按键进入，在该菜单下点击"选择/确认"键可以设置"PN 输出频率"和"FS 输出"。菜单如图 5.3 所示。

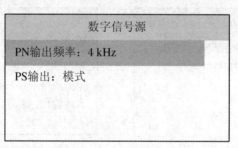

图 5.3 "数字信号源"菜单

① PN 输出频率设置。设置"CLK"端口的频率及"PN"端口的码速率。频率范围：1 kHz～2 048 kHz。

② FS 输出设置。设置 FS 端口输出帧同步信号的模式：

模式1：帧同步信号保持 8 kHz 的周期不变，帧同步的脉宽为 CLK 的 1 个时钟周期。要求 PN 输出频率不小于 16 kHz，主要用于脉冲编码调制(PCM)、自适应差分脉冲编码调制(ADPCM)、编译码帧同步及时分复用实验。

模式2：帧同步的周期为 8 个 CLK 时钟周期，帧同步的脉宽为 CLK 的 1 个时钟周期。主要用于汉明码编译码实验。

模式3：帧同步的周期为 15 个 CLK 时钟周期，帧同步的脉宽为 CLK 的 1 个时钟周期。主要用于 BCH 编译码实验。

（3）实验菜单功能操作说明

以通信原理为例，按"主菜单"键后的第一个选项"通信原理实验"，再点击"确定"进入各实验菜单，如图 5.4 所示。

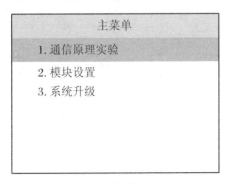

(a)　"主菜单"　　　　　　　　(b)　"通信原理实验"菜单

图 5.4　设置"通信原理实验"

进入"通信原理实验"菜单后，逆时针旋转，光标会向下走；顺时针旋转，光标会向上走。按下"选择/确认"时，可设置光标所在实验的功能。有的实验会跳转到下级菜单，有的则没有下级菜单，没有下级菜单的会在实验名称前显示标记"√"。

在选中某个实验时，主控模块会向实验涉及的模块发出命令。因此，需要这些模块电源开启，否则，设置会失败。实验具体需要哪些模块，在实验步骤中均有说明，详见具体实验。

（4）模块设置功能（该功能只在自行设计实验中用到）

按"主菜单"按键后的第二个选项"模块设置"，再点击"确定"进入"模块设置"菜单。在"模块设置"菜单中可以对各个模块的参数分别进行设置，如图 5.5 所示。

① 1号：语音终端和用户接口。确定该模块两路 PCM 编译码模块的编译码规则是 A 律还是 μ 律。

② 2号：数字终端和时分多址。设置该模块 BS-OUT 的时钟频率。

③ 3号：信源编译码。可使该模块现场编程门阵列（FPGA）工作于 PCM 编译码、ADPCM 编译码、LDM 编译码、CVSD 编译码、FIR 滤波器、IIR 滤波器、反 SINC 滤波器等（测试功能是生产中使用的）。由于模块的端口在不同功能下有不同用途，下面对每一种功能进行说明：

A. PCM 编译码。FPGA 实现 PCM 编译码功能，同时实现 PCM 编码 A/μ 律或 μ/A 律转换的功能。在其子菜单中还能够设置 PCM 编译码 A/μ 律及 μ/A 律转换的方式。端口功能如下：

模块设置
1号 语音终端&用户接口
2号 数字终端&时分多址
3号 信源编译码端
7号 时分复用和时分交换
5 ASK数字调制解调
6 FSK数字调制解调

图 5.5 "模块设置"菜单

编码时钟：输入编码时钟。
编码帧同步：输入编码帧同步。
编码输入：输入编码的音频信号。
编码输出：输出编码信号。
译码时钟：输入译码时钟。
译码帧同步：输入译码帧同步。
译码输入：输入译码的 PCM 信号。
译码输出：输出译码的音频信号。
A/μ-IN：A/μ 律转换输入端口。
A/μ-OUT：A/μ 律转换输出端口。

B. ADPCM 编译码。FPGA 实现 ADPCM 编译码功能，端口功能和 PCM 编译码一样。

C. LDM 编译码。FPGA 实现简单增量调制编译码功能。除了编码帧同步和译码帧同步端口外（LDM 编译码不需要帧同步），其他端口功能与 PCM 编译码一样。

D. CVSD 编译码。FPGA 实现 CVSD 编译码功能。除了编码帧同步和译码帧同步端口外（CVSD 编译码不需要帧同步），其他端口功能与 PCM 编译码一样。

E. FIR 滤波器。FPGA 实现 FIR 数字低通滤波器功能（采用 100 阶汉明窗设计，截止频率为 3 kHz）。该功能主要用于抽样信号的恢复。端口说明如下：
编码输入：FIR 滤波器输入口。
译码输出：FIR 滤波器输出口。

F. IIR 滤波器。FPGA 实现 IIR 数字低通滤波器功能（采用 8 阶椭圆滤波器设计，截止频率为 3 kHz）。该功能主要用于抽样信号的恢复。端口与 FIR 滤波器相同。

G. 反 SINC 滤波器。FPGA 完成反 SINC 数字低通滤波器。该功能主要用于消除抽样的孔径效应。端口与 FIR 滤波器相同。

④ 7 号：时分复用和时分交换。功能一是设置时分复用的速率 256 Kbit/s 或 2 048 Kbit/s。功能二是当复用速率为 2 048 Kbit/s 时，调整 D-IN$_4$ 时隙。

⑤ 8 号：基带编译码。使该模块 FPGA 工作在 AMI，HDB3，CMI，BPH 编译码模式下。

⑥ 10 号：软件无线电调制。设置该模块的 BPSK 具体参数。具体参数包括：

是否差分：设置输入信号是否进行差分，即是 BPSK 还是 DBPSK 调制。

PSK 调制方式选择：设置 BPSK 调制是否经过成形滤波。

输出波形设置：设置"I-OUT"端口输出成形滤波后的波形或调制信号。

匹配滤波器设置：将成形滤波设置为升余弦滤波器或根升余弦滤波器。

基带速率选择：将基带速率设置为 16 Kbit/s，32 Kbit/s，56 Kbit/s。

⑦ 11 号：软件无线电解调。设置该模块的两个参数，即 BPSK 解调是否需要逆差分变换和解调速率。

(5) 系统升级

此选项用于模块内部程序升级。

3. 注意事项

① 实验开始时要将所需模块固定在实验箱上，并确定接触良好，否则菜单无法设置成功。

② 在信号源设置中，模拟信号源输出步进可调节，便于频率调节。

③ 序列产生单元。产生解扩序列，序列产生可用滑动控制单元控制，是序列的相位滑动。

④ 滑动控制单元。产生序列的滑动控制脉冲信号。该脉冲信号由前面的门限判决信号控制，当门限判决输出为高时，说明序列已经捕获，滑动控制单元不产生滑动控制脉冲信号；当门限判决输出为低时，说明序列未捕获，滑动控制单元产生滑动控制脉冲信号。

4. 端口说明

端口说明如表 5.1 所示。

表 5.1　端口说明

模块	端口名称	端口说明
捕获支路	同步序列	输出解扩序列
	解扩输出	输出解扩信号,是 BSPK 的数字调制信号
	相关 1	同步序列与扩频信号相关计算输出
	512 K	解扩序列的时钟信号
跟踪支路	接收天线	解扩天线接收端口
	扩频信号输入	解扩同轴电缆输入端口
	超前序列	与同步序列相比,相位超前 1/2 码元
	滞后序列	与同步序列相比,相位滞后 1/2 码元
	相关 2	超前序列与扩频信号相关计算输出
	相关 3	滞后序列与扩频信号相关计算输出
	压控电压	控制压控晶振频率变化的信号

5. 可调参数说明

① 增益调节:调节天线,接收小信号放大的增益。

② 判决门限调节:调节相关峰的判决门限(由于接收信号幅度不同,相关峰的幅度也有所不同)。

③ 压控偏置调节:调节压控晶振的中心频率。

④ PN 序列长度设置:将 PN 序列长度设置为 127 位或 128 位。

⑤ PN 初始状态设置:将 PN 序列设置为初始状态。

二、2 号模块:数字终端和时分多址模块

1. 模块框图

数字终端模块框图如图 5.6 所示。

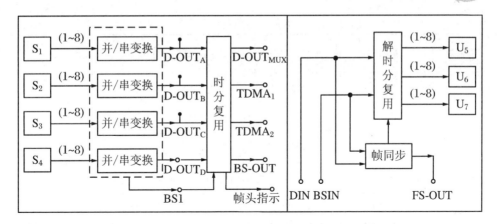

图 5.6 数字终端模块框图

2. 模块简介

时分复用(TDMA)适用于数字信号的传输。由于信道的位传输率超过每一路信号的数据传输率,因此可将信道按时间分成若干片段轮换地给多个信号使用。每一时间段由复用的一个信号单独占用,在规定的时间内,多个数字信号可按要求同时传达,从而实现了一个物理信道同时传输多个数字信号。

3. 模块功能说明

① 时分复用。通过拨码开关设置四组数字信号源(S_1,S_2,S_3,S_4)的数据,任选一组设置为帧同步码 01110010,其他三组设置为易于观察的数据。四组数据分别经过并/串变换后进入复杂可编程逻辑器件(CPLD)完成时分复用。

② 解时分复用。将时分复用后的信号输入解时分复用模块,同时加载一个帧同步信号后,得到解复用的信号,通过三组 LED 行阵显示除帧同步码外的数字信号。

4. 端口说明

端口说明如表 5.2 所示。

表 5.2 端口说明

模块	端口名称	端口功能
时分复用	$S_1 \sim S_4$	数字信号拨码输入
	$U_1 \sim U_4$	显示对应的数字输入信号
	D-OUT$_A \sim$D-OUT$_C$	对应数字信号观测点
	D-OUT$_D$	对应数字信号观测点/8 位数字信号输出
	BS$_1$	位同步时钟信号输入
	D-OUT$_{MUX}$	时分复用输出(D-OUT$_A$,D-OUT$_B$,D-OUT$_C$,D-OUT$_D$)
	TDMA$_1$	时分复用输出(01110010,00110011,D-OUT$_A$,D-OUT$_B$)
	TDMA$_2$	时分复用输出(01110010,01010101,D-OUT$_C$,D-OUT$_D$)
	BS-OUT	位同步信号输出
	帧头指示	帧头指示信号(仅用于信道编码时的辅助观测)
解复用	D-IN	时分复用信号输入
	BS-IN	位同步信号输入
	FS-OUT	帧同步信号观测点
	$U_5 \sim U_7$	显示解复用的信号

5. 可调参数说明

拨码开关 $S_1 \sim S_4$。每一组都有八位开关,1 号开关对应数字信号的最高位。拨码开关上拨表示数字信号 1,下拨表示数字信号 0。

三、4 号模块:信道编码及交织模块

1. 模块框图

信道编码模块框图如图 5.7 所示。

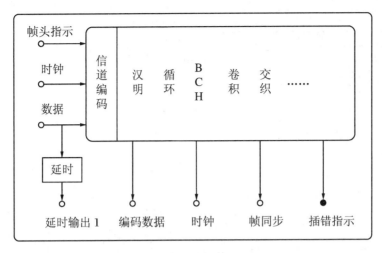

图 5.7　信道编码模块框图

2. 模块简介

数字信号在传输中往往由于各种原因产生数据流误码,从而使接收端产生图像跳跃、不连续、马赛克等现象。所以通过信道编码这一环节,对数据流进行相应的处理,使系统具有一定的纠错和抗干扰能力,可极大地避免误码的产生。由此可见,信道编译码过程尤为重要。

3. 模块功能说明

① 汉明码。汉明码利用了奇偶校验位的概念,通过在数据位后面增加一些比特的信息量,不仅可以验证数据是否有效,还能在数据出错的情况下指明错误位置。

② 循环码。具有某种循环特性的线性分组码。每位代码无固定权值,任何两个相邻的码组中,仅有一位代码不同。

③ BCH 码。BCH 码解决了生成多项式与纠错能力的关系问题,可以在给定纠错能力要求的条件下找到码的生成多项式。

④ 卷积码。卷积码是一种非分组码,通常适用于前向纠错。

⑤ 交织码。交织码的作用是把一个较长的突发插错(插入的错码)离散成随机插错,改善移动通信的传输特性。

4. 端口说明

端口说明如表 5.3 所示。

表 5.3　端口说明

模块	端口名称	端口功能
编码输入	时钟	编码时钟输入
	数据	数据输入
编码输出	编码数据	编码数据输出
	时钟	编码时钟输出
辅助观测	帧头指示	帧头指示信号观测点（其上跳沿指示了分组的起始位置）
	延时输出 1	延时输出信号观测点
	帧同步	帧同步信号观测点（其上跳沿指示了一组编码输出数据的起始位置）
	插错指示	插错指示观测点（指示插入错码的位置）

不同的编码方式通过主控进行设置。

四、5 号模块：信道译码及解交织模块

1. 模块框图

信道译码模块框图如图 5.8 所示。

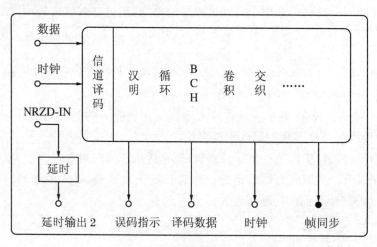

图 5.8　信道译码模块框图

2. 端口说明

端口说明如表 5.4 所示。

表 5.4 端口说明

模块	端口名称	端口功能
译码输入	时钟	译码时钟输入
	数据	数据输入
译码输出	译码数据	译码数据输出
	时钟	译码时钟输出
	帧同步	帧同步信号输出
辅助观测	NRZD-IN	延时输入
	延时输出 2	延时输出信号观测点
	误码指示	误码指示观测点

不同的译码方式由主控进行设置。

五、10 号模块：软件无线电调制模块

1. 模块框图

无线电调制模块框图如图 5.9 所示。

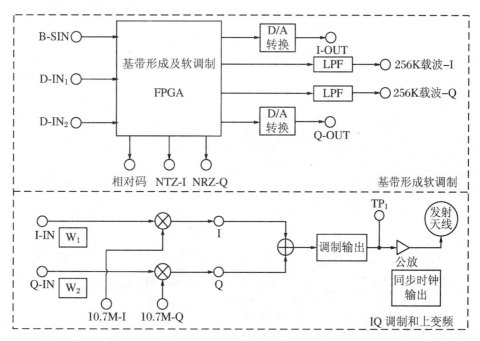

图 5.9 无线电调制模块框图

2. 模块简介

软件无线电是一个以现代通信理论为基础,以数字信号处理为核心,以微电子技术为支撑的新型无线通信体系结构。它包含了一些新的理论和技术,如多速率信号处理理论、数字变频技术,等等。其中,10号模块为调制部分,11号模块为解调部分。

3. 模块功能说明

(1) 基带形成软调制

① 当数字调制需要较低频率载波时,可以将调整的整个过程全部在 FPGA 中完成,由 D/A 输出的即是调制信号。

② 当数字调制的频率较高时,可以将对速率要求较低的基带成形部分放在 FPGA 中完成,将频谱搬移的工作放在 IQ 变频模块上完成。

(2) IQ 调制和上变频

在较高速率调制时,将基带信号的频谱搬移到载波上。

4. 端口说明

端口说明如表 5.5 所示。

表 5.5 端口说明

模块	端口名称	端口说明
基带形成软调制	BS-IN	输入信号时钟
	D-IN$_1$	输入信号 1
	D-IN$_2$	输入信号 2
	相对码	差分编码输出
	NRZ-I	I 路 NRZ 码
	NRZ-Q	Q 路 NRZ 码
	I-OUT	I 模拟信号输出
	Q-OUT	Q 模拟信号输出
	256 K 载波-I	0 相位 256 kHz 载波信号
	256 K 载波-Q	$\pi/2$ 相位 256 kHz 载波信号

续表

模块	端口名称	端口说明
IQ 调制和上变频	I-IN	I 模拟信号输入
	Q-IN	Q 模拟信号输入
	10.7M-I	0 相位 10.7 MHz 载波信号
	10.7M-Q	π/2 相位 10.7 MHz 载波信号
	I	I 路上变频信号观测
	Q	Q 路上变频信号观测
	调制输出	调制信号输出点
	TP_1	调制信号观测点
	发射天线	调制信号无线发射天线接口

六、11 号模块：软件无线电解调模块

1. 模块框图

无线电解调模块框图如图 5.10 所示。

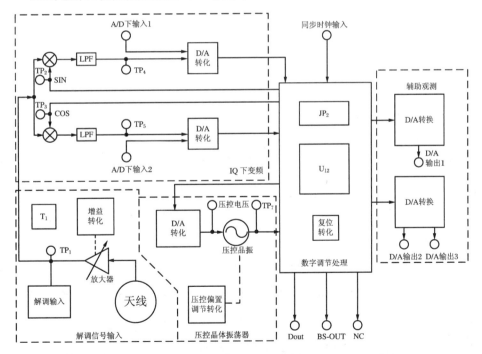

图 5.10 无线电解调模块框图

2. 模块功能说明

① 解调信号输入。如果从天线接收信号进行解调,则需要经过小信号放大。如果直接通过同轴电缆输入,则不需要经过小信号放大。

② 压控晶体振荡器。由 FPGA 产生压控电压控制的 21.4 MHz 压控晶体振荡器,产生时钟。压控晶体振荡器的中心频率由"压控偏置调节旋钮"调节。

③ IQ 下变频。当载波频率较高时,D/A 转换无法直接对调制信号进行采样。因此,需要用 IQ 下变频将调制信号的频率降下来,然后再进行采样。

当载波频率较低时,可以直接将调制信号通过"A/D 输入 1"或"A/D 输入 2"进行 A/D 转换。所有的解调工作均在 FPGA 中完成。

④ 软件解调。将解调后的模拟信号转换为数字信号,再通过软件转换为模拟信号输出。

3. 端口说明

端口说明如表 5.6 所示。

表 5.6　端口说明

模块	端口名称	端口说明
解调信号输入	接收天线	解调信号无线接收天线接口
	解调输入	解调信号同轴电缆输入口
	TP_1	解调信号输入观测点
压控晶体振荡器	压控电压	压控电压检测
	TP_7	压控晶振输出时钟观测点
数字解调	TP_2	S-IN 信号观测
	TP_3	COS 信号观测
	TP_4	解调信号与 S-IN 信号相乘通过低通的观测点
	TP_5	解调信号与 COS 信号相乘通过低通的观测点
	A/D 输入 1	A/D 输入端口 1
	A/D 输入 2	A/D 输入端口 2
	同步时钟输入	用于相干解调的同步时钟输入
	D/A 输出 1	中间信号观测点
	D/A 输出 2	中间信号观测点

续表

模块	端口名称	端口说明
数字解调	D/A 输出 3	中间信号观测点
	D-OUT	解调输出
	BS-OUT	解调位时钟输出
	NC	待扩展端口

4．可调参数说明

① W_1：压控偏置调节。

② W_2：天线接收部分小信号放大增益调节。

③ S_3：复位开关。

七、12 号模块：AMBE 语音压缩模块

1．模块框图

AMBE 2000 语音压缩模块框图如图 5.11 所示。

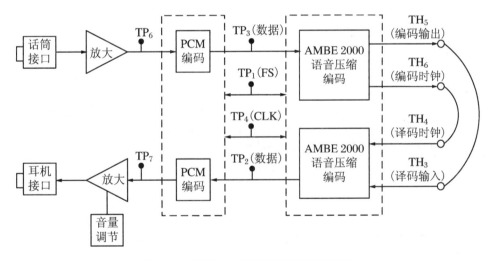

图 5.11　AMBE 2000 语音压缩编模块框图

2．模块简介

　　AMBE 2000 是一种高性能、低功耗的单片实时语音压缩解压芯片，可通过控制字改变数据压缩率，并具有前向纠错、语音激活检测和 DTMF 信号检测功能，应用广泛。

3. 模块功能说明

从图 5.11 中可以看到，AMBE 语音压缩模块中，话筒接口的音频信号经过放大电路处理，然后经过 PCM 编码，再经过 AMBE 2000 语音压缩后，由 TH_5 输出编码信号，由 TH_6 输出同步时钟。编码信号和编码时钟分别送入译码单元的数据和时钟输入端口，经过 AMBE 2000 语音解压缩处理，再进行 PCM 译码，还原输出原始信号，由耳机接口输出。

4. 端口说明

端口说明如表 5.7 所示。

表 5.7 端口说明

端 口 名 称	端 口 说 明
话筒接口	话筒插座
TP_6	话筒音信号输出测试点
TP_1(FS)	编译码帧信号测试点
TP_4(CLK)	编译码时钟信号测试点
TP_3(数据)	PCM 编码输出测试点
EPR/STRB/DATA	AMBE 编译码中间过程测试点
TH_6(编码时钟)	AMBE 编码同步时钟输出
TH_5(编码输出)	AMBE 编码数据输出
TH_4(译码时钟)	AMBE 译码同步时钟输入
TH_3(译码输入)	AMBE 译码数据输入
TP_2(数据)	AMBE 译码输出测试点
TP_7	译码还原的音频信号输出测试点
耳机接口	耳机插座

5. 可调参数说明

① 电位器 W_1：音量调节旋钮，调节输出音量大小。

② 复位键 S_1：复位，启动功能键。

八、14 号模块：CDMA 发送模块

1. 模块框图

CDMA 模块框图如图 5.12 所示。

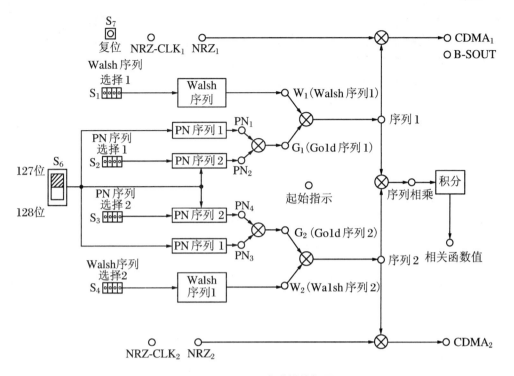

图 5.12 CDMA 发送模块框图

2. 模块简介

CDMA 码分多址技术基于扩频调制技术,将需传送的具有一定信号带宽的数据,用一个带宽远大于该信号带宽的高速伪随机码进行调制,使原数据信号的带宽被扩展,再经载波调制并发送出去。接收端使用完全相同的伪随机码,将接收的带宽信号做相关处理,把宽带信号转换成原信息数据的窄带信号(即解扩),以实现信息通信。本模块模拟了 CDMA 的发送功能,输入信号最大支持速率为 16 Kbit/s,输出信号最大支持速率为 512 Kbit/s,可帮助实验者熟悉并掌握各伪随机码之间的自相关和互相关特性。

3. 模块功能说明

① PN 序列和 Walsh 序列的产生。由 ATLERA 的 FPGA 产生固定的 PN 序列和可调的 Walsh 序列。其中 PN 序列有 127 位和 128 位可选。Walsh 序列长度为 16 位。

② 不同 PN 序列和 Walsh 序列的选取。通过设置不同的初始状态,可以得到不同偏移位置的 PN 序列。通过拨码开关更改 Walsh 序列。

③ Gold 序列的产生。由两路 PN 序列模 2 相加可得 Gold 序列。

④ Walsh 序列与 Gold 序列的合成。可得到最终的复合扩频调制序列。

⑤ 扩频调制输出。通过产生最终复合扩频调制序列对输入 NRZ 信号进行扩频调制,输出最终 CDMA 信号。

⑥ 相关函数的观测将两路不同的最终复合扩频调制序列进行相乘并积分,可得到两者相关函数值,以供实验观测。

4. 端口说明

端口说明如表 5.8 所示。

表 5.8　端口说明

名　　称	说　　明
PN 序列长度设置	127 位/128 位切换开关
S_2,S_3	更改 PN 序列 1 偏移量
S_1,S_4	更改不同 Walsh 序列
复位	设置完 PN 序列偏移后一定要按此复位键
PN_1,PN_3	FPGA 产生的固定 PN 序列观测点
PN_2,PN_4	通过 S_2,S_3 改变偏移后的 PN 序列观测点
起始指示	用来指示 PN 序列的起始位置观测点
G_1,G_2	通过 PN 序列模 2 相加所得的 Gold 序列观测点
W_1,W_2	Walsh 序列观测点
序列 1,序列 2	Walsh 序列与 Gold 序列合成的复合扩频序列观测点
NRZ_1,NRZ_2	待扩频的非归零码信号输入点
NRZ-CLK_1,NRZ-CLK_2	待扩频的非归零码信号时钟输入点
$CDMA_1$,$CDMA_2$	扩频调制后的 CDMA 信号输出点
BS-OUT	扩频调制后的 $CDMA_1$ 信号的位同步时钟信号输出点
序列相乘	序列 1 与序列 2 相乘后的信号观测点
相关函数值	序列 1 与序列 2 相乘并经过积分得到的相关函数观测点
S_5	模块总开关

5. 可调参数说明

① PN 序列长度设置:通过在六个连 0 后增加一个 0 可得到 128 位 PN 序列,以方便与 16 位的 Walsh 码合成。

② S_2,S_3:通过四位二进制拨码开关可调节 PN 序列 1 的初始偏移位置而得到不同的 PN 序列 2,继而得到不同的 Gold 序列(G_1 和 G_2)。

③ S_1,S_4:通过四位二进制拨码开关可改变不同 Walsh 码输出。

九、15 号模块:CDMA 接收模块

1. 模块框图

CDMA 接收模块框图如图 5.13 所示。

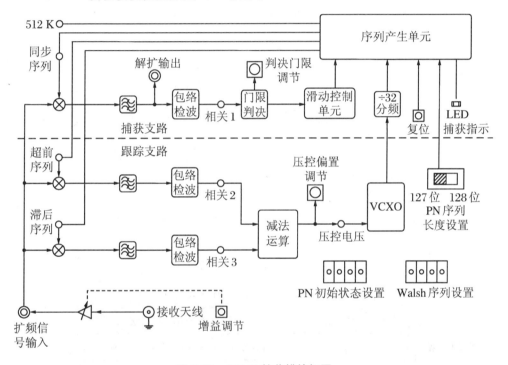

图 5.13　CDMA 接收模块框图

2. 模块简介

CDMA 接收模块用于扩频通信系统的接收端,处于接收部分的最前端,其解扩的信号会被送到解调模块进行解调。

CDMA 接收模块主要解决两个问题。第一个是序列的同步问题。由于扩频序列的自相关性,序列在非同步情况下是无法获取有用信息的。第二个是时钟同步问题。由于接收端产生解扩序列的时钟与发送端是非同步的,所以当序列同步但时钟不同步时,序列会逐渐产生偏差,最终失步。只有序列和时钟都达到同步,才能完成解扩。

3. 模块功能说明

① 捕获支路。用来捕获扩频序列,以达到序列同步的状态。

② 跟踪支路。用来进行时钟同步。

③ 序列产生单元。用来产生解扩序列,序列产生可受滑动控制单元控制,是序列的相位滑动。

④ 滑动控制单元。产生序列的滑动控制脉冲信号。该脉冲信号由前面的门限判决信号控制:当门限判决输出为高时,说明序列已经捕获,滑动控制单元不产生滑动控制脉冲信号;当门限判决输出为低时,说明序列未捕获,滑动控制单元产生滑动控制脉冲信号。

4. 端口说明

端口说明如表 5.9 所示。

表 5.9 端口说明

模块	端口名称	端 口 说 明
捕获支路	同步序列	输出解扩序列
	解扩输出	输出解扩信号,是 BSPK 的数字调制信号
	相关 1	同步序列与扩频信号相关计算输出
	512 K	解扩序列的时钟信号
跟踪支路	接收天线	解扩天线接收端口
	扩频信号输入	解扩同轴电缆输入端口
	超前序列	与同步序列相比,相位超前 1/2 码元
	滞后序列	与同步序列相比,相位滞后 1/2 码元
	相关 2	超前序列与扩频信号相关计算输出
	相关 3	滞后序列与扩频信号相关计算输出
	压控电压	控制压控晶振频率变化的信号

5. 可调参数说明

① 增益调节:调节天线,接收小信号放大的增益。

② 判决门限调节:调节相关峰的判决门限(由于接收信号幅度不同,相关峰的幅度也有所不同)。

③ 压控偏置调节:调节压控晶振的中心频率。

④ PN 序列长度设置:将 PN 序列长度设置为 127 位或 128 位。

⑤ PN 初始状态设置:将 PN 序列设置为初始状态。

实验一　QPSK 调制及解调

一、实验目的

了解 QPSK 调制解调的原理及特性。

二、实验设备

主控和信号源模块、10 号模块、11 号模块各一块、双踪示波器一台,连接线若干。

三、实验原理

1. 实验框图

QPSK/OQPSK 调制框图如图 5.14 和图 5.15 所示。

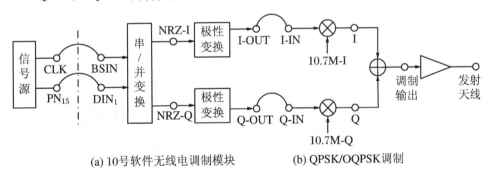

(a) 10号软件无线电调制模块　　　(b) QPSK/OQPSK调制

图 5.14　QPSK/OQPSK 调制框图

2. 实验框图说明

在 QPSK 调制框图中,基带信号经过串/并变换处理,输出 NRZ-I 和 NRZ-Q 两路信号;然后分别经过极性变换处理,形成 I-OUT 和 Q-OUT 输出;再分别与 10.7 MHz 正交载波相乘后叠加;最后输出 QPSK 调制信号。QPSK 调制可以看作是两路 BPSK 信号的叠加。两路 BPSK 的基带信号分别是原基带信号的奇数位和偶数位。两路 BPSK 信号的载波频率相同,相位相差 90°。OQPSK 与 QPSK 相比,区别在于两路 BPSK 调制基带信号的相位上:QPSK 两路基带信号是完全对齐的,OQPSK 两路基带信号相差半个时钟周期。

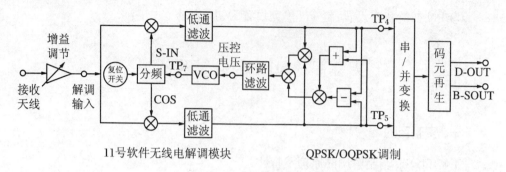

图 5.15 QPSK/OQPSK 解调框图

在 QPSK 解调框图中,接收信号先分别与正交载波进行相乘,再经过低通滤波处理,然后将两路信号进行并/串变换和码元判决,最终恢复成原始的基带信号。其中,解调所用载波是由科斯塔斯环同步电路提取并处理的相干载波。

四、实验步骤

1. QPSK 调制

观测 QPSK 调制信号的时域或频域波形,了解调制信号产生机理及成形波形的星座图。

(1) 连线

关电,按表 5.10 所示进行连线。

表 5.10 端口连线

源 端 口	目 标 端 口	连线说明
信号源:PN	模块 10:TH_3(D-IN_1)	信号输入
信号源:CLK	模块 10:TH_1(BS-IN)	时钟输入
模块 10:TH_7(I-OUT)	模块 10:TH_6(I-IN)	I 路成形信号加载频
模块 10:TH_9(Q-OUT)	模块 10:TH_8(Q-IN)	Q 路成形信号加载频

(2) 开电

设置主控菜单,选择主菜单/移动通信/QPSK 调制及解调/QPSK 星座图观测/硬调制。此时系统初始状态为:PN 序列输出频率为 16 kHz,载频为 10.7 MHz。

(3) 实验操作及波形观测

① 示波器探头 CH_1 接 10 号模块 TP_8(NRZ-I),CH_2 接 10 号模块 TP_9(NRZ-Q),观测基带信号经过串/并变换后输出的两路波形。

② 示波器探头 CH_1 接 10 号模块 TP_8（NRZ-I），CH_2 接 10 号模块 TH_7（I-OUT），用直流耦合对比观测 I 路信号成形前后的波形。

③ 示波器探头 CH_1 接 10 号模块 TP_9（NRZ-Q），CH_2 接 10 号模块 TH_9（Q-OUT），用直流耦合对比观测 Q 路信号成形前后的波形。

④ 示波器探头 CH_1 接 10 号模块 TH_7（I-OUT），CH_2 接 10 号模块 TH_9（Q-OUT），调节示波器为 XY 模式，观察 QPSK 星座图。

⑤ 示波器探头 CH_1 接 10 号模块 TH_7（I-OUT），CH_2 接 10 号模块 TP_3（I），对比观测 I 路成形波形的载波调制前后的波形。

⑥ 示波器探头 CH_1 接 10 号模块 TH_9（Q-OUT），CH_2 接 10 号模块 TP_4（Q），对比观测 Q 路成形波形的载波调制前后的波形。

⑦ 示波器探头 CH_1 接 10 模块的 TP_1，观测 I 路和 Q 路加载频后的叠加信号，即 QPSK 调制信号。

注意：适当调节电位器 W_1 和 W_2，使 I,Q 两路载频幅度相同且最大不失真。

2. QPSK 相干解调

对比观测 QPSK 解调信号和原始基带信号的波形，了解 QPSK 相干解调的实现方法。

（1）连线

关电，保持上述实验项目中的连线不变，按表 5.11 所示进行连线。

表 5.11 端口连线

源 端 口	目 标 端 口	连线说明
模块 10：P_1（调制输出）	模块 11：P_1（解调输入）	已调信号送入解调端

（2）开电

设置主控菜单，选择主菜单/移动通信/QPSK 调制及解调/QPSK 星座图观测及硬调制。此时系统初始状态为：PN 序列输出频率为 16 kHz，载频为 10.7 MHz。

（3）实验操作及波形观测

① 示波器探头 CH_1 接 10 号模块 TH_3（D-IN$_1$），CH_2 接 11 号模块 TH_4（D-OUT），通过适当调节 11 号模块压控偏置电位器 W_1 来改变载波相位，对比观测原始基带信号和解调输出信号的波形。

② 示波器探头 CH_1 接 10 号模块 TH_1（BS-IN），CH_2 接 11 号模块 TH_5（BS-OUT），对比观测原始时钟信号和解调恢复时钟信号的波形。

③ 示波器探头 CH_1 接 10 号模块 TP_8（NRZ-I），CH_2 接 11 号模块 TP_4，对比观测原始 I 路信号与解调后 I 路信号的波形。

④ 示波器探头 CH_1 接 10 号模块 TP_9（NRZ-Q），CH_2 接 11 号模块 TP_5，对比

观测原始 Q 路信号与解调后 Q 路信号的波形。

注:有兴趣的或者需要巩固调制原理知识的学生可以选择设置主菜单"QPSK 调制及解调"中的"QPSK I 路调制信号观测""QPSK Q 路调制信号观测"或"QPSK 调制信号观测",分别观测载频为 256 kHz 的 I 路调制信号波形、Q 路调制信号波形,以及 QPSK 调制信号波形,输出测试点均为 I-OUT。

五、思考题

① 分析实验电路的工作原理,简述其工作过程。
② 观测并分析实验现象。

实验二 MSK 调制及解调

一、实验目的

了解 MSK 调制解调的原理及特性。

二、实验设备

主控和信号源模块、10 号模块、11 号模块各一块,双踪示波器一台,连接线若干。

三、实验原理

1. 实验框图

MSK/GMSK 调制框图如图 5.16 和图 5.17 所示。

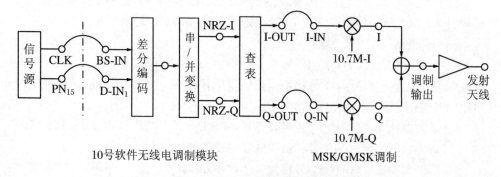

图 5.16 MSK/GMSK 调制框图

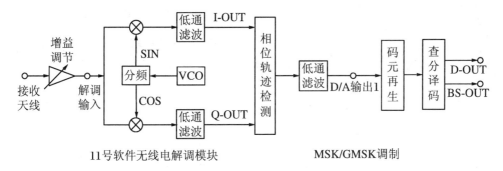

图 5.17　MSK/GMSK 调制框图

2. 实验框图说明

在 MSK 调制框图中,基带信号先经过差分变换,再经过串/并变换处理后分成奇数位、偶数位,并分别以 NRZ-I 和 NRZ-Q 两路信号输出;然后分别经过波形查表处理,将基带信号映射成正弦波(以便得到圆形的星座图),形成 I-OUT 和 Q-OUT 成形输出;再分别与 10.7 MHz 正交载波相乘后叠加;最后输出 MSK 调制信号。GMSK 与 MSK 相比,基带成形所用的正弦波更加平滑,其他与 MSK 相同。

在 MSK 解调框图中,接收信号先分别与正交载波相乘,经过低通滤波处理;然后将两路信号进行相位轨迹检测,经低通滤波处理后得到模拟信号;最后通过码元再生电路以及差分逆变换电路恢复到原始的基带信号。其中,解调用的载波与调制端非同步,是译码端本地 VCO 分频所得的正交载波。

四、实验步骤

1. MSK 调制

观测 MSK 调制信号的时域或频域波形,了解调制信号产生机理及成形波形的星座图。

(1) 连线

关电,按表 5.12 所示进行连线。

表 5.12　端口连线

源端口	目标端口	连线说明
信号源:PN	模块 10:TH_3(D-IN1)	信号输入
信号源:CLK	模块 10:TH_1(BS-IN)	时钟输入
模块 10:TH_7(I-OUT)	模块 10:TH_6(I-IN)	I 路成形信号加载频
模块 10:TH_9(Q-OUT)	模块 10:TH_8(Q-IN)	Q 路成形信号加载频

(2) 开电

设置主控菜单,选择主菜单/移动通信/MSK 调制解调/MSK 硬调制及解调。此时系统初始状态为:PN 序列输出频率为 16 kHz,载频为 10.7 MHz。

(3) 实验操作及波形观测

① 示波器探头 CH_1 接 10 号模块 TP_8(NRZ-I),CH_2 接 10 号模块 TP_9(NRZ-Q),观测基带信号经过串/并变换后输出的两路波形。

② 示波器探头 CH_1 接 10 号模块 TP_8(NRZ-I),CH_2 接 10 号模块 TH_7(I-OUT),对比观测 I 路信号成形前后的波形。

③ 示波器探头 CH_1 接 10 号模块 TP_9(NRZ-Q),CH_2 接 10 号模块 TH_9(Q-OUT),对比观测 Q 路信号成形前后的波形。

④ 示波器探头 CH_1 接 10 号模块 TH_7(I-OUT),CH_2 接 10 号模块 TH_9(Q-OUT),调节示波器为 XY 模式,观察 MSK 星座图。

⑤ 示波器探头 CH_1 接 10 号模块 TH_7(I-OUT),CH_2 接 10 号模块 TP_3(I),对比观测 I 路成形波形的载波调制前后的波形。

⑥ 示波器探头 CH_1 接 10 号模块 TH_9(Q-OUT),CH_2 接 10 号模块 TP_4(Q),对比观测 Q 路成形波形的载波调制前后的波形。

⑦ 示波器探头 CH_1 接 10 模块的 TP_1,观测 I 路和 Q 路加载频后的叠加信号,即 MSK 调制信号。

2. MSK 非相干解调

对比观测 MSK 解调信号和原始基带信号的波形,了解 MSK 非相干解调的实现方法。

(1) 连线

关电,保持"MSK 调制"项目中的连线不变,按表 5.13 所示进行连线。

表 5.13 端口连线

源 端 口	目 标 端 口	连 线 说 明
模块 10:P_1(调制输出)	模块 11:P_1(解调输入)	已调信号送入解调端

(2) 开电

设置主控菜单,选择主菜单/移动通信/MSK 调制解调/MSK 硬调制及解调。此时系统初始状态为:PN 序列输出频率为 16 kHz,载频为 10.7 MHz。

(3) 实验操作及波形观测

① 示波器探头 CH_1 接 10 号模块 TH_3(D-IN_1),CH_2 接 11 号模块 TH_4(D-OUT),适当调节 11 号模块压控偏置电位器 W_1,同时按复位开关键 S_3,对比观测原始基带信号和解调输出信号的波形。

注：当解调输出和基带信号码型相同（观测波形中会有码元延时）时，表示系统调节正常无误码。

② 示波器探头 CH_1 接 10 号模块 TH_1(BS-IN)，CH_2 接 11 号模块 TH_5(BS-OUT)，对比观测原始时钟信号与解调恢复时钟信号的波形。

③ 示波器探头 CH_1 接 10 号模块 TH_7(I-OUT)，CH_2 接 11 号模块 TP_4，对比观测原始 I 路成形信号与解调后 I 路成形信号的波形。

④ 示波器探头 CH_1 接 10 号模块 TP_9(Q-OUT)，CH_2 接 11 号模块 TP_5，对比观测原始 Q 路成形信号与解调后 Q 路成形信号的波形。

⑤ 示波器探头 CH_1 接 10 号模块 TH_3(D-IN_1)，CH_2 接 11 号模块 TH_{10}(D/A 输出 1)，对比观测原始基带信号与解调后但未经码元再生判决的信号。

注：有兴趣的或者需要巩固调制原理知识的学生可以选择设置主菜单"MSK 调制及解调"中的"MSK I 路调制信号观测""MSK Q 路调制信号观测""MSK 软调制信号观测"，分别观测载频为 256 kHz 的 I 路调制信号波形、Q 路调制信号波形或 MSK 调制信号波形，输出测试点均为 I-OUT。

五、思考题

① 分析实验电路的工作原理，简述其工作过程。
② 观测并分析实验过程中的实验现象。

实验三　直接序列扩频

一、实验目的

① 了解直接序列扩频原理和方法。
② 了解扩频前后信号在时域及频域上的变化。

二、实验设备

主控和信号源模块、10 号模块、14 号模块各一块，双踪示波器一台，连接线若干。

三、实验原理

1. 实验框图

实验框图如图 5.18 和图 5.19 所示。

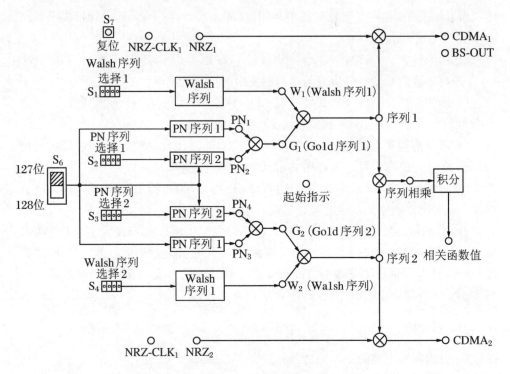

图 5.18　14 号模块实验框图

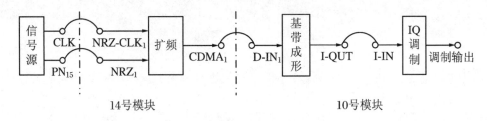

图 5.19　直接序列扩频实验框图

2. 实验说明

信号源 PN 序列经过 14 号模块扩频处理,再加到 10 号模块的调制端,形成扩频调制信号并发送出去。其中,从 14 号模块可以看到扩频码可以通过拨码开关设置为 Walsh 序列、M 序列和 Gold 序列。

① PN 序列和 Walsh 序列的产生。由 ATLERA 的 FPGA 产生固定的 PN 序列和可调的 Walsh 序列。其中,PN 序列有 127 位和 128 位可选,Walsh 序列长度为 16 位。

② 不同 PN 序列和 Walsh 序列的选取。通过设置不同的初始状态,可以得到

不同偏移位置的 PN 序列,通过拨码开关更改 Walsh 序列。

③ Gold 序列的产生。由两路 PN 序列 2 相加可得 Gold 序列。

④ Walsh 序列与 Gold 序列的合成。可得到最终的复合扩频调制序列。

⑤ 扩频调制输出。通过产生最终复合扩频调制序列对输入 NRZ 信号进行扩频调制,输出最终 CDMA 信号。

⑥ 相关函数的观测。将两路不同的最终复合扩频调制序列进行相乘并积分,可得到两者相关函数,以供实验观测。

表 5.14　端口名称说明

名　　称	说　　明
PN 序列长度设置	127 位/128 位切换开关
S_2,S_3	更改 PN 序列 1 偏移量
S_1,S_4	更改不同 Walsh 序列
复位	设置完 PN 序列偏移后一定要按此复位键
PN_1,PN_3	FPGA 产生的固定 PN 序列观测点
PN_2,PN_4	通过 S_2,S_3 改变偏移后的 PN 序列观测点
起始指示	用来指示 PN 序列的起始位置观测点
G_1,G_2	PN 序列 2 相加所得的 Gold 序列观测点
W_1,W_2	Walsh 序列观测点
序列 1,序列 2	Walsh 序列与 Gold 序列合成的复合扩频序列观测点
NRZ_1,NRZ_2	待扩频的非归零码信号输入点
$NRZ\text{-}CLK_1$,$NRZ\text{-}CLK_2$	待扩频的非归零码信号时钟输入点
$CDMA_1$,$CDMA_2$	扩频调制后的 CDMA 信号输出点
BS-OUT	扩频调制后的 $CDMA_1$ 信号的位同步时钟信号输出点
序列相乘	序列 1 与序列 2 相乘后的信号观测点
相关函数值	序列 1 与序列 2 相乘并经过积分得到的相关性函数观测点
S_5	模块总开关

四、实验步骤

(1) 连线

关电,按表 5.15 所示连线。

表 5.15 端口连线

源 端 口	目 标 端 口	连 线 说 明
信号源:PN	模块 14:TH_3(NRZ_1)	数据送入扩频单元
信号源:CLK	模块 14:TH_1(NRZ-CLK_1)	时钟送入扩频单元
模块 14:TH_4($CDMA_1$)	模块 10:TH_3(D-IN_1)	扩频后加调制
模块 10:TH_7(I-OUT)	模块 10:TH_6(I-IN)	I 路成形信号加载频

(2) 开电

设置主菜单,选择移动通信/直接序列扩频。根据实验框图说明,分别设置不同的扩频码,并按复位键 S_7 进行确认。此时系统初始状态为:PN 序列输出频率为 16 kHz,载频为 10.7 MHz。

(3) 实验操作及波形观测

① 对比观测 NRZ_1 和 $CDMA_1$,从时域和频域上观测扩频前后波形变化情况。

② 观测"调制输出",对比扩频前后调制信号变化情况。

五、思考题

观测并分析实验过程中的实验现象。

实验四 直接序列解扩

一、实验目的

① 了解直接序列解扩原理和方法。

② 观察解扩时本地扩频码与扩频时扩频码的同步情况。

③ 观察已调信号在解扩前后的频域变化情况。

二、实验设备

主控和信号源模块、10 号模块、14 号模块、15 号模块各一块,双踪示波器一台,连接线若干。

三、实验原理

1. 14 号模块实验框图

14 号模块实验框图如图 5.20 所示。

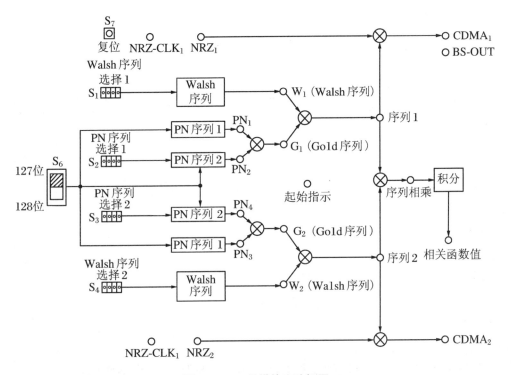

图 5.20　14 号模块实验框图

2. 14 号模块框图说明

信号源 PN 序列经过 14 号模块扩频处理,再加到 10 号模块的调制端,形成扩频调制信号并发送出去。其中,从 14 号模块可以看到,扩频码可以通过拨码开关设置为 Walsh 序列、M 序列和 Gold 序列。

① PN 序列和 Walsh 序列的产生。由 ATLERA 的 FPGA 产生固定的 PN 序列和可调的 Walsh 序列。其中 PN 序列有 127 位和 128 位可选。Walsh 序列长度为 16 位。

② 不同 PN 序列和 Walsh 序列的选取。通过设置不同的初始状态,可以得到不同偏移位置的 PN 序列。通过拨码开关更改 Walsh 序列。

③ Gold 序列的产生。由两路 PN 序列模 2 相加可得 Gold 序列。

④ Walsh 序列与 Gold 序列的合成。可得到最终的复合扩频调制序列。

⑤ 扩频调制输出。通过产生最终复合扩频调制序列对输入 NRZ 信号进行扩频调制，输出最终 CDMA 信号。

⑥ 相关函数的观测。将两路不同的最终复合扩频调制序列进行相乘并积分，可得到两者相关函数值，以供实验观测。

端口名称说明如表 5.16 所示。

表 5.16 端口名称说明

名　　称	说　　明
PN 序列长度设置	127 位/128 位切换开关
S_2,S_3	更改 PN 序列 1 偏移量
S_1,S_4	更改不同 Walsh 序列
复位	设置完 PN 序列偏移后一定要按此复位键
PN_1,PN_3	FPGA 产生的固定 PN 序列观测点
PN_2,PN_4	通过 S_2,S_3 改变偏移后的 PN 序列观测点
起始指示	用来指示 PN 序列的起始位置观测点
G_1,G_2	PN 序列 2 相加所得的 Gold 序列观测点
W_1,W_2	Walsh 序列观测点
序列 1,序列 2	Walsh 序列与 Gold 序列合成的复合扩频序列观测点
NRZ_1,NRZ_2	待扩频的非归零码信号输入点
$NRZ\text{-}CLK_1$,$NRZ\text{-}CLK_2$	待扩频的非归零码信号时钟输入点
$CDMA_1$,$CDMA_2$	扩频调制后的 CDMA 信号输出点
BS-OUT	扩频调制后的 $CDMA_1$ 信号的位同步时钟信号输出点
序列相乘	序列 1 与序列 2 相乘后的信号观测点
相关函数值	序列 1 与序列 2 相乘并积分得到的相关性函数观测点
S_5	模块总开关

3. 15号模块实验框图

15号模块实验框图如图 5.21 所示。

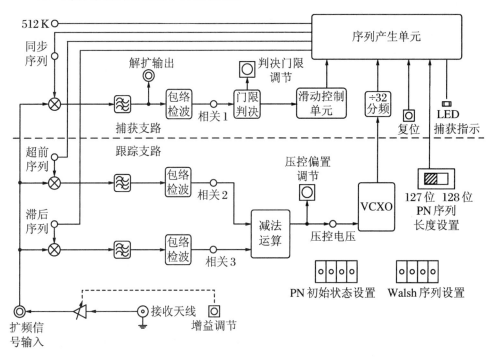

图 5.21　15 号模块实验框图

4. 解扩实验框图说明

CDMA 接收模块用于扩频通信系统的接收端,处于接收部分的最前端,其解扩的信号会送到解调模块进行解调。CDMA 接收模块主要用于解决两个问题。第一个是序列的同步问题。由于扩频序列的自相关性,序列在非同步情况下是无法获取有用信息的。第二个是时钟同步问题。由于接收端产生解扩序列的时钟与发送端是非同步的,所以当序列同步而时钟不同步时,序列会逐渐产生偏差,最终失步。只有序列和时钟都达到同步,才能完成解扩。

模块包含如下四大功能:

① 捕获支路:用来捕获扩频序列,达到序列同步的状态。

② 跟踪支路:用来进行时钟同步。

③ 序列产生单元:产生解扩序列,序列产生受滑动控制单元控制,是序列相位滑动。

④ 滑动控制单元:产生序列的滑动控制脉冲信号。该脉冲信号由前面的门限判决信号控制,当门限判决输出为高时,说明序列已经捕获,滑动控制单元不产生

滑动控制脉冲信号；当门限判决输出为低时，说明序列未捕获，滑动控制单元产生滑动控制脉冲信号。

模块端口名称说明如表5.17所示。

表5.17 端口名称说明

模块	端口名称	端口说明
捕获支路	同步序列	输出解扩序列
	解扩输出	输出解扩信号，是BPSK的数字调制信号
	相关1	同步序列与扩频信号相关计算输出
	512 K	解扩序列的时钟信号
跟踪支路	接收天线	解扩天线接收端口
	扩频信号输入	解扩同轴电缆输入端口
	超前序列	与同步序列相比，相位超前1/2码元
	滞后序列	与同步序列相比，相位滞后1/2码元
	相关2	超前序列与扩频信号相关计算输出
	相关3	滞后序列与扩频信号相关计算输出
	压控电压	控制压控晶振频率变化的信号

可调参数说明如下：

① 增益调节：调节天线，接收小信号放大的增益。

② 判决门限调节：调节相关峰的判决门限（由于接收信号幅度不同，相关峰的幅度也有所不同）。

③ 压控偏置调节：调节压控晶振的中心频率。

④ PN序列长度设置：将PN序列的长度设置为127位或128位。

⑤ PN初始状态设置：将PN序列设置为初始状态。

5. 直接序列解扩实验原理框图

直接序列解扩实验原理框图如图5.22所示。

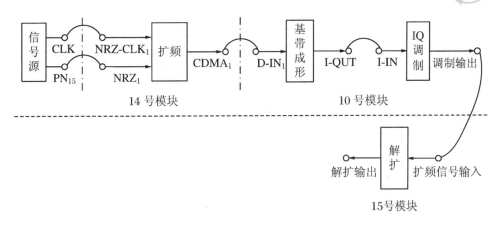

图 5.22 直接序列解扩实验原理框图

四、实验步骤

（1）连线

关电，按表 5.18 所示连线。

表 5.18 端口连线

源 端 口	目 标 端 口	连 线 说 明
信号源:PN	模块 14:TH_3(NRZ_1)	数据送入扩频单元
信号源:CLK	模块 14:TH_1(NRZ-CLK_1)	时钟送入扩频单元
模块 14:TH_4($CDMA_1$)	模块 10:TH_3(D-IN_1)	扩频后加调制
模块 10:TH_7(I-OUT)	模块 10:TH_6(I-IN)	I 路成形信号加载频
模块 10:P_1(调制输出)	模块 15:J_4(扩频信号输入)	送入解扩单元

（2）开电

设置主菜单，选择移动通信/直接序列扩频及解扩。此时系统初始状态为：PN 序列输出频率为 16 kHz，载频为 10.7 MHz。

（3）实验操作及波形观测

① 根据实验框图说明，设置拨码开关，使扩频端的扩频码与解扩端的扩频码一致，并按复位键确认；调节 15 号模块的判决门限调节旋钮 W_2，观察捕获指示灯的亮灭变化情况。当扩频码同步时，指示灯应由灭变为亮。

② 根据实验原理中的测试点说明，调节 W_2，观察各点在捕获过程中的变化情况。

五、思考题

观测并分析实验过程中的实验现象。

实验五 GSM 通信系统

一、实验目的

了解 GSM 通信系统的架构及特性。

二、实验设备

主控和信号源模块、4 号模块、5 号模块、10 号模块、11 号模块、12 号模块各一块,双踪示波器一台,连接线若干。

三、实验原理

1. 实验框图

实验框图如图 5.23 所示。

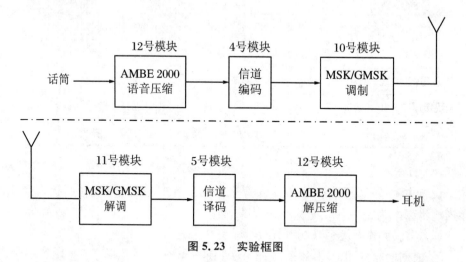

图 5.23 实验框图

2. 实验框图说明

在图 5.23 中,对于发送部分,话筒输出的语音信号经过 12 号模块的 AMBE 2000 压缩编码转换为数字信号,再经过 4 号模块进行信道编码,然后经 10 号模块的 MSK/GMSK 调制电路通过天线发送出去。对于接收部分,天线接收的信号经过 11 号模块的 MSK/GMSK 解调电路,还原出数字信号,然后经过 5 号模块进行信道译码,再通过 12 号模块的 AMBE2000 解压缩功能将数字信号还原为原始的语音送至耳机输出。为方便联调及观测,建议实验前先了解信源编译码和调制解调等实验的相关内容,联调时可先搭建数字信号的有线传输系统,以进行调节,待系统调通后再通过天线进行模拟信号的无线收发实验。

注:当选择好实验菜单"GSM 扩频通信系统实验"后,可以了解一下各模块输出端的速率和模块输入端的速率要求。以实验框图为例,此时系统初始状态为:3 Hz~3.4 kHz 的音频信号,经 12 号模块 AMBE 语音压缩处理输出 8 kHz 的数字信号,经 4 号模块卷积编码处理输出 16 kHz 的信号,接上 10.7 MHz 载频调制发射。

四、实验步骤

通过自行搭建 GSM 通信系统,认识和掌握 GSM 通信系统的框架以及相关原理知识点。

1. 发送端连线

关电,按表 5.19 所示,完成 GSM 通信系统的发送端连线,并在发送端 12 号模块的话筒接口处接入话筒。

此时调制信号输出口为:10 号模块的 P_1(调制输出)以及经过功放后的 P_2(发射天线)。

表 5.19 端口连线

源 端 口	目 标 端 口	连线说明
模块 12:TH_5(编码输出)	模块 4:TH_1(编码输入:数据)	将压缩信号送入信道编码
模块 12:TH_6(编码时钟)	模块 4:TH_2(编码输入:时钟)	提供信道编码时钟
模块 4:TH_4(编码输出:编码数据)	模块 10:TH_3(D-IN_1)	送入调制单元
模块 4:TH_5(编码输出:时钟)	模块 10:TH_1(BS-IN)	送入调制端用于差分编码
模块 10:TH_7(I-OUT)	模块 10:TH_6(I-IN)	I 路成形信号送入调制
模块 10:TH_9(Q-OUT)	模块 10:TH_8(Q-IN)	Q 路成形信号送入调制

2. 接收端连线

按表 5.20 所示,完成 GSM 通信系统的接收端连线,并在接收端的 12 号模块的耳机接口接入耳机。

表 5.20 端口连线

源 端 口	目 标 端 口	连线说明
模块 10:P_1(调制输出)	模块 11:P_1(解调输入)	将调制信号送入解调单元
模块 11:TH_4(D-OUT)	模块 5:TH_1(译码输入:数据)	将解调信号送入信道译码
模块 11:TH_5(BS-OUT)	模块 5:TH_2(译码输入:时钟)	提供信道译码时钟信号
模块 5:TH_3(译码输出:译码数据)	模块 12:TH_3(译码输入)	送入 AMBE 解压缩单元
模块 5:TH_4(译码输出:时钟)	模块 12:TH_4(译码时钟)	提供译码时钟

3. 开电

设置系统菜单,选择实验项目"GSM 通信系统实验"。先按 12 号模块的复位键 S_1,再进行系统联调,适当调节 11 号模块压控偏置电位器 W_1,同时按复位开关键 S_3,感受 GSM 系统的通话效果。

4. 搭建 GSM 系统

上述步骤搭建的是 GSM 有线通信系统。若想搭建 GSM 无线通信系统,只需在连线上做如下调整:

① 去除表 5.21 所示的连线。

表 5.21 端口连线

源 端 口	目 标 端 口	连线说明
模块 10:P_1(调制输出)	模块 11:P_1(解调输入)	将调制信号送入解调单元

② 分别将 10 号模块的 P_2(发射天线)和 11 号模块的 P_2(接收天线)连接拉杆天线。适当调节 11 号模块天线接收端的增益调节键 W_2,再适当调节压控偏置电位器 W_1,按复位键 S_3,进行系统联调。

注:系统联调时,建议先以有线通信系统进行联调,再转为无线收发。

五、思考题

① 分析实验电路的工作原理,简述电路的工作过程。
② 感受语音传输效果,观测并分析实验过程中的实验现象。

实验六　CDMA 扩频通信系统

一、实验目的

了解 CDMA 通信系统架构及特性。

二、实验设备

主控和信号源、2 号模块、4 号模块、5 号模块、10 号模块、11 号模块、14 号模块、15 号模块各一块,双踪示波器一台,连接线若干。

三、实验原理

1. 实验框图

实验框图如图 5.24 和图 5.25 所示。

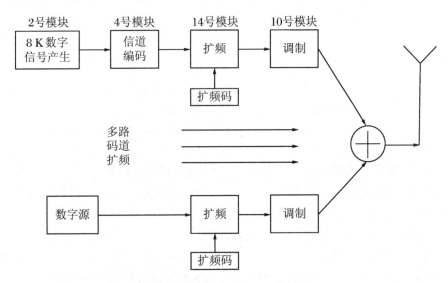

图 5.24　CDMA 发射系统框图

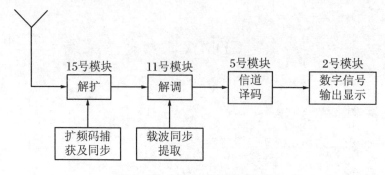

图 5.25 CDMA 接收系统框图

注:在 CDMA 扩频通信系统中,接收端根据不同扩频序列,来捕获跟踪不同码道上的信息。

2. 实验框图说明

扩频通信的实现机理为:CDMA 扩频通信发送端将 2 号模块的 8 K 数据作为输入信号,经过 4 号模块信道编码处理,再将编码输出与高速率扩频码(比如 Gold 序列或 M 序列)相乘,经过调制电路将扩频后的信号转移到一个适当的频段进行传输,然后经过功放电路无线发射出去;CDMA 扩频通信接收端将天线接收的信号先经过小信号放大处理,再通过捕获、跟踪扩频码来进行同步解扩,并提取解调所需同步载波,然后经过解调以及码元再生电路,还原输出原始信源的数字码型,再经过 5 号模块信道译码处理,得到输入的原始数据,最后通过 3 号模块的数据显示观察输出信号是否与输入信号一致。整个实现过程与实际通信系统基本一致。

对于数字信源的传输,在 CDMA 接收系统框图中略去发送端前端的信源编码功能和接收端后端的信源译码功能即可。

这里,我们以传输模拟信号和数字信号两路信号为例,搭建 CDMA 扩频通信系统。为方便联调和观测,建议实验前先了解语音压缩、调制解调、扩频及解扩等实验的相关内容,联调时可先搭建数字信号的有线传输系统进行调节,待系统调通后,再通过天线进行模拟信号的无线收发实验。

注:当选择好实验菜单"CDMA 扩频通信系统实验"后,可以了解一下各模块输出端的速率和模块输入端的速率要求。以实验框图为例,此时系统初始状态为:对于 8 kHz 数字信号,经 4 号模块卷积编码处理输出 16 kHz 的信号,经扩频处理后,接入 10.7 MHz 载频调制发射;对于 16 Kbit 的 PN 序列信号,在实验框图中没有经过信道编码(因为 4 号模块要实现卷积编码功能时,要求频率必须为 8 kHz),而是直接连至扩频和调制单元进行传输的。

对实验平台已经有充分认识和了解的同学,可以用 PN 序列替代 AMBE 压缩编码输出信号,经过信道编码处理,再送入扩频调制处理进行传输。由此可见,在选择好实验菜单"CDMA 扩频通信系统实验"后,需要手动将 PN 速率调为 8 kHz,再进行相关系统连线和联调工作。

四、实验步骤

通过自行搭建 CDMA 扩频通信系统,认识和掌握 CDMA 通信系统的框架以及相关原理知识点。

1. 发送端连线

关电,按表 5.22 所示,完成 CDMA 通信系统的发送端连线。

表 5.22 端口连线

源端口	目标端口	连线说明
模块 2:TH_9(BS-OUT)	模块 4:TH_2(编码输入:时钟)	提供信道编码时钟
模块 2:TH_1(D-OUT_{MUX})	模块 4:TH_1(编码输入:数据)	将信号送入信道编码单元
模块 4:TH_5(编码输出-时钟)	模块 14:TH_1(NRZ-CLK_1)	提供第一路时钟
模块 4:TH_4(编码输出-编码数据)	模块 14:TH_3(NRZ_1)	提供第一路数据
信号源:CLK	模块 14:TH_6(NRZ-CLK_2)	提供第二路时钟
信号源:PN	模块 14:TH_2(NRZ_2)	提供第二路数据
模块 14:TH_4($CDMA_1$)	模块 10:TH_3(D-IN_1)	对第一路进行成形滤波
模块 14:TH_5($CDMA_2$)	模块 10:TH_2(D-IN_2)	对第二路进行成形滤波
模块 10:TH_7(I-OUT)	模块 10:TH_6(I-IN)	将第一路成形信号送入调制
模块 10:TH_9(Q-OUT)	模块 10:TH_8(Q-IN)	将第二路成形信号送入调制

2 号模块 S_1 拨码开关必须设置为 01110010,为巴克码,作为时分复用的帧头数据,解复用电路中默认识别 01110010 为帧头信号。S_2,S_3,S_4 为数字码元随机设置;U_1,U_2,U_3,U_4 分别对应 S_1,S_2,S_3,S_4,拨 1 亮拨 0 灭;U_5,U_6,U_7 为解复用后的数据显示。先进入主菜单设置 2 号模块速率模块,设置"数字终端和时分多址"为 8 kHz;再返回主菜单设置移动通信/CDMA 扩频通信系统实验。

将 14 号模块上两路信号设置为不同的扩频码序列:拨码开关 S_2 为 0001,拨码开关 S_3 为 0010,拨码开关 S_1 和 S_4 全设置为 0,序列长度设置开关设置为 127 位。此时第一路扩频信号 $CDMA_1$ 对应开关 S_1,为 0001 的扩频码序列,第二路扩频信号 $CDMA_2$ 则对应开关 S_2,为 0010 的扩频码序列(拨码开关 S_1,S_2,S_3,S_4 的功能,可参考扩频技术相关实验内容说明)。

注:有兴趣的同学可以根据序列产生及特性分析实验和直接序列扩频实验的相关内容,设置14号CDMA发送模块上两路不同扩频序列,保证二者不同即可,同时在后面的接收端也应注意,接收不同码道信息而对应设置不同的扩频码。

此时调制信号输出口为:10号模块的P_1(调制输出),以及经过功放后的P_2(发射天线)。

2. 接收端连线

按表5.23和表5.24所示,完成CDMA通信系统的接收端连线。

① 接收数字信号PN的CDMA接收系统的连线。根据发送端的拨码情况,设置接收端15号CDMA接收模块中拨码开关$S_1=0010$,拨码开关$S_4=0000$。如表5.23所示。

表5.23 端口连线(Ⅰ)

源端口	目标端口	连线说明
模块10:P_1(调制输出)	模块15:J_4(扩频信号输入)	将扩频信号送入解扩单元
模块15:J_3(解扩输出)	模块11:P_1(解调输入)	送入解调单元

② CDMA接收系统的连线。根据发送端的拨码情况,设置接收端15号CDMA接收模块中拨码开关$S_1=0001$,拨码开关$S_4=0000$。如表5.24所示。

表5.24 端口连线(Ⅱ)

源端口	目标端口	连线说明
模块10:P_1(调制输出)	模块15:J_4(扩频信号输入)	将扩频信号送入解扩单元
模块15:J_3(解扩输出)	模块11:P_1(解调输入)	送入解调单元
模块11:TH_4(D-OUT)	模块5:TH_1(译码输入:数据)	送入信道译码单元
模块11:TH_5(BS-OUT)	模块5:TH_2(译码输入:时钟)	提供信道译码时钟
模块5:TH_3(译码输出:译码数据)	模块2:TH_{13}(D-IN)	送入解复用输入
模块5:TH_4(译码输出:时钟)	模块2:TH_{12}(BS-IN)	提供解复用时钟

3. 配置拨码

开电,设置主菜单,选择实验项目"CDMA扩频通信系统实验"。根据所需接收的通道,在设置完扩频码序列后,需要按模块14的复位键S_7和模块15的复位键S_2,让系统配置拨码值。

4. 进行系统联调接收 PN 序列

用示波器对比观测输入信号和输出信号的波形(为观测方便,可先接收 PN 序列),各模块中的增益调节旋钮要适当调节,使信号幅度不宜过小。缓慢调节 15 号模块 CDMA 接收单元的判决门限调节旋钮 W_2,捕获指示灯由灭变亮即可,同时也可以用示波器观测 TP_4 与 1 相关的测试点配合观测,缓慢调节压控偏置调节旋钮 W_3,观测相关峰值情况。缓慢调节 11 号模块压控偏置调节旋钮 W_1,并适当按复位开关 S_3,使解调端载波与调制载波同频同相。各个相关旋钮需互相配合调节,直至最后输出波形与原始波形一致。若 PN 序列能成功接收,改变接收端的解扩码序列,随机改变 2 号模块 S_2、S_3、S_4 码元,U_5、U_6、U_7 分别与 U_2、U_3、U_4 显示一致。

5. 搭建 CDMA 系统

此时为 CDMA 有线通信系统。若想搭建 CDMA 无线通信系统,只需做如下调整:

① 去除表 5.25 所示连线。

表 5.25 端口连线(Ⅲ)

源 端 口	目 标 端 口	连 线 说 明
模块 10:P_1(调制输出)	模块 15:J_4(扩频信号输入)	将扩频信号送入解扩单元

② 分别将 10 号模块的 P_2(发射天线)和 15 号模块的 J_2(接收天线)接拉杆天线。适当调节 11 号模块天线接收端的增益调节旋钮 W_2,再适当调节压控偏置电位器 W_1,按复位键 S_3,进行系统联调。

注:系统联调时,建议先以有线通信系统进行联调,再转为无线收发。

五、思考题

① 分析实验电路的工作原理,简述电路的工作过程。
② 观测并分析实验过程中的实验现象。

第六章　光通信技术实验

一、实验课程简介

"光通信技术"是高等院校电子通信工程专业的一门主要专业必修课,通过课程的学习,学生能掌握光纤的传光原理和特性,掌握光纤通信系统的基本组成、工作原理、设计考虑和计算方法,掌握光通信器件的原理、结构、基本性能和主要应用,了解光网络的结构和各部分的功能,掌握常用光纤通信仪表的功能和使用方法等。光通信技术实验是该课程的实践性教学环节,主要开设了半导体激光器的 P-I 特性测试、数字光线通信系统线路码型 CMI 编译码、光发射机性能测试和电话数字光纤传输系统等实验。通过测量系统及器件的性能,设计构建实验系统,使学生从中学习相关仪器的使用和实验方法,锻炼实验技能,为毕业后从事光纤通信领域的专业技术工作打下坚实的理论和实践基础。

二、LTE-GX-06A 光纤通信原理综合实验箱

光通信原理综合实验箱配合"光通信技术"基础课程的理论教学使用,实验系统将光通信原理和教材紧密接合,实验项目和顺序与教材保持同步。该实验箱主要有以下特点:

① 电路实现上采用大规模 CPLD/FPGA,专门设计制作了可供学生进行二次开发实验的扩展板,并预留了大量的 I/O 口,可在原有电路硬件的基础上开发新的实验内容。

② 同一实验箱中具备通用的两个低损耗光纤通信端口(1 310 nm,1 550 nm);光发送和光接收分别采用分立元件(1 310 nm)和集成电路(1 550 nm)来实现,且电路参数可调。可通过特定的测试点来观测光发送和光接收的实现过程。

③ 光发送时,加入自动光功率控制电路和光源寿命报警电路,使得激光器的输出更加稳定;光接收时,在已有前置放大和主放大的基础上,加入了信号的判决和再生,可以通过判决前后眼图的形状的不同,深入理解信号在光纤传输中的衰减特性和光接收的原理。

④ 使用波分复用(WDM)+时分复用技术、电话热线呼叫时交换技术,可以在单台实验箱上完成全双工电话通信,从而真实地模拟出实际的电话通信系统。

⑤ 性能指标:

A. 信号源指标:

正弦波:频率范围为 0~5 MHz,幅度范围为 0~5 V。

三角波:频率范围为 0~100 kHz,幅度范围为 0~5 V。

方波:频率范围为 0~100 kHz,幅度范围为 0~5 V。

被抽样信号:1 kHz+3 kHz 正弦波。

音乐信号:真人真唱。

PN 序列:码长 15 位/127 位,码速率范围为 1 Kbit/s~2 048 Kbit/s。

NRZ 信号:四路数据信息位可通过拨码开关自行设置的 NRZ 信号,码速率为 2 Kbit/s~4 096 Kbit/s,时钟信号速率范围为 1 kHz~2 048 kHz。

B. 功能指标:

a. 基带编码类型:AMI,HDB3,CMI,BPH,5B6B,加扰解扰等。

b. 光发射机波长:1 310 nm,1 550 nm。

c. 接口类型:包含模拟、数字、计算机数据、图像、语音等信号光纤传输通道接口。用户接口模块提供两路电话输入接口,可进行话音的 PCM 编码或模拟话音直接传输。提供语音功放电路和扬声器输出接口。

d. 配有独立的光功率计与误码仪模块,可灵活配置,降低教学成本。

e. 实验箱自行设计 1 310 nm,1 550 nm 两个独立的光发、光收单元电路,能够在一台实验箱里完成波分复用(WDM)实验。

f. 两台实验箱能模拟局间数字电话光纤传输实验,进行四方呼叫通话,且局间号可在本地进行参数设置。

g. 多台实验箱能够组成光纤环网系统,可模拟多局光纤通信。

h. 实验箱能使六路计算机数据+两路图像+两路语音以异步复接及 WDM 的方式进行全双工光纤混合传输,充分体现了光纤传输系统的宽带及多媒体传输的特性。

i. 实验箱具有良好的电磁兼容性,在做高速数字信号和模拟视频信号混合传输时不产生干扰。

j. 采用标准 E_1 接口,既可与程控交换实验箱级联,模拟 PSTN 网络模型,又可与实际局用交换机的 2M 中继接口互联,可直接引入电信 2M 信号,融入国家光纤传输主干网。

k. 实验箱自身能实现程控交换电话系统架构,具备电话拨号功能,可完成呼叫接续全过程的状态显示,并可实现实时对多种信令信号波形进行观测。

实验一 半导体激光器 P-I 特性测试

一、实验目的

① 了解半导体激光器发光原理和光纤通信中激光光源工作原理。
② 了解半导体激光器平均输出光功率与注入驱动电流的关系。
③ 掌握半导体激光器 P(平均发送光功率)-I(注入电流)曲线的测试方法。

二、实验设备

主控和信号源、2 号模块、25 号模块各一个,23 号模块(光功率计)一个,FC-FC 单模光纤跳线一根,万用表一台,连接导线若干,同轴电缆一根。

三、实验原理

光源是把电信号变成光信号的器件,在光纤通信中占有重要的地位。性能好、寿命长、使用方便的光源是保证光纤通信可靠工作的关键。

作为光源,可以采用半导体激光二极管(LD,又称半导体激光器)、半导体发光二极管(LED)、固体激光器和气体激光器等。但是对于光纤通信工程来说,除了少数测试设备与工程仪表之外,几乎无例外地采用半导体激光器和半导体发光二极管。

LD 通过受激辐射发光,是一种阈值器件。处于高能级 E_2 的电子在光场的感应下发射一个和感应光子一模一样的光子而跃迁到低能级 E_1,这个过程称为光的受激辐射。所谓一模一样,是指发射光子和感应光子不仅频率相同,而且相位、偏振方向和传播方向都相同,二者是相干的。由于受激辐射与自发辐射的本质不同,导致了 LD 不仅能产生高功率(≥10 mW)辐射,而且输出光发散角窄(垂直发散角为 30°～50°,水平发散角为 0°～30°),与单模光纤的耦合效率高(为 30%～50%),辐射光谱线窄($\Delta\lambda=0.1$～1.0 nm),适用于高信息量的工作,载流子复合寿命短,能对高速信号(>20 GHz)直接进行调制,非常适合作高速长距离光纤通信系统的光源。

阈值电流是非常重要的特性参数。图 6.1 上 A 段与 B 段的交点表示开始发射激光,它对应的电流就是阈值电流 I_{th}。LD 可以被看作是一种光学振荡

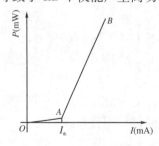

图 6.1　LD 的 P-I 曲线示意图

器,要形成光的振荡,就必须要有光放大机制,即激活介质处于粒子数反转分布,而且产生的增益足以抵消所有的损耗。将开始出现净增益的条件称为阈值条件。一般用注入电流值来标定阈值,也即阈值电流 I_{th}。

P-I 特性是 LD 的最重要的特性。当注入电流增加时,输出光功率也随之增加,在达到 I_{th} 之前,LD 输出荧光,到达 I_{th} 之后输出激光,输出光子的增量与注入电子的增量之比见式 6.1。

$$\eta_d = \left(\frac{\Delta P}{h\upsilon}\right) \bigg/ \left(\frac{\Delta I}{e}\right) = \frac{e}{h\upsilon} \cdot \frac{\Delta P}{\Delta I} \tag{6.1}$$

其中,$\Delta P/\Delta I$ 就是图 6.1 激射时的斜率,h 是普朗克常数,υ 为辐射跃迁情况下释放出的光子的频率。

P-I 特性是选择 LD 的重要依据。在选择时,应选阈值电流 I_{th} 尽可能小、I_{th} 对应 P 值小而且没有扭折点的 LD。这样的激光器工作电流小,工作稳定性高,消光比(测试方法见实验四)大,而且不易产生光信号失真。要求 P-I 曲线的斜率适当:若斜率太小,则会导致驱动信号太大,给驱动电路带来麻烦;若斜率太大,则会出现光反射噪声,并且使自动光功率控制环路调整困难。

四、实验内容及步骤

① 关闭系统电源,按如下说明进行连线:

A. 用连接线将 2 号模块 TH_7(D-OUT_D)连至 25 号光收发模块的 TH_2(数字输入),并把 2 号模块的拨码开关 S_4 设置为 ON,使输入信号为全 1 电平。

B. 用光纤跳线连接 25 号光收发模块的光发输出端和光收接入端,并将光收发模块的功能选择开关 S_1 设置为"光功率计"。

C. 用同轴电缆线将 25 号模块 P_4(光探测器输出)连至 23 号模块 P_1(光探测器输入)。

② 将开关 J_1 拨为 10,即无 APC 控制状态;开关 S_3 拨为"数字",即数字光发。

③ 将 25 号光收发模块的电位器 W_4 和 W_2 顺时针旋至底,即将光发射机的输出光功率设置为最大。

④ 开电,设置主控模块菜单,选择主菜单/光纤通信/光源的 P-I 特性测试,可以进入"光功率计"功能设置。可以通过选择和单击"选择/确认"多功能旋钮,切换功率计的测量波长;根据实际使用的光收发模块的波长类型,选择波长 1 310 nm 或 1 550 nm。

⑤ 用万用表测量 R_7 两端的电压(测量方法:先将万用表打到电压挡,然后将红表笔接 TP_3,黑表笔接 TP_2)。读出万用表读数 U,代入公式 $I=U/R_7$,其中 $R_7=33\ \Omega$,读出光功率 P。调节功率输出 W_4,将测得的参数填入表 6.1 中。

⑥ 做完实验后先关闭交流电开关。

⑦ 拆下光跳线及导线，用防尘帽盖住实验箱半导体激光器光纤输出端口，将实验箱还原。

⑧ 根据测试结果，算出半导体激光器驱动电流，画出相应的光功率与注入电流的关系曲线；根据所画出的 P-I 特性曲线，找出半导体激光器阈值电流 I_{th} 的大小；根据 P-I 特性曲线，求出半导体激光器的效率；对实验结果进行误差分析。

表 6.1　LD 的 P-I 特性测试表结果记录

U(mV)								
I(mA)								
$P(\mu W)$								
U(mV)								
I(mA)								
$P(\mu W)$								

五、实验报告

① 根据实验数据，绘制 P-I 关系曲线。

② 根据 P-I 特性曲线，找出半导体激光器阈值电流，计算半导体激光器两段的斜率。

六、预习要求

① 预习相关的光纤预备知识，了解光纤的结构、分类和光纤传光的基本原理。

② 预习半导体激光器和 LED 发光的基本原理，掌握自发辐射和受激辐射机理。

③ 了解半导体激光器的辐射（发光）效率，即外微分量子效率 η。

④ 预习半导体激光器的温度特性。

⑤ 预习光功率计的工作原理。

七、思考题

① 试说明半导体激光器的发光原理。

② 环境温度的改变对半导体激光器 P-I 特性有何影响？

③ 分析在以半导体激光器为光源的光纤通信系统中，半导体激光器的 P-I 特性对系统传输性能的影响。

实验二 数字光纤通信系统线路码型 CMI 编译码

一、实验目的

① 了解线路码型在光纤传输系统中的作用。
② 掌握线路码型 CMI 码的编译码过程以及电路实现原理。

二、实验设备

主控和信号源模块、8 号模块、13 号模块、25 号模块各一个,双踪示波器一台,光纤跳线一根,连接线若干。

三、实验原理

线路码型变换电路主要是适应数字光纤通信传输的需要而设置的,因此数字光纤通信传输的前后必须有线路码型变换与反变换电路。

1. 实验框图

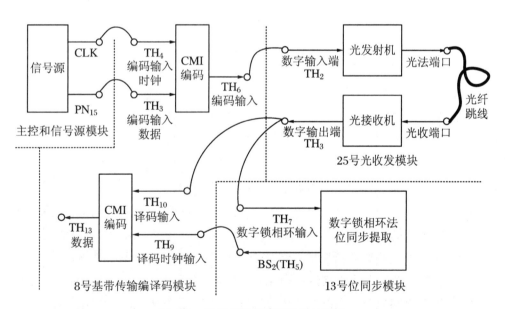

图 6.2　CMI 编码光纤传输系统框图

2. 实验框图说明

数字光纤通信与数字电缆通信一样,在其传输信道中,通常不直接传送终端机(例如 PCM 终端机)输出的数字信号,而需要经过码型变换,使之成为适于信道传输的码型,即线路码型。在数字电缆通信中,电缆中传输的线路码型通常是三电平的三阶高密度双极性码,即 HDB3 码,它是一种传号以正负极性交替发送的码型。在数字光纤通信中,由于光源不可能发射负的光脉冲,因而不能采用 HDB3 码,只能采用"0""1"二电平码。但简单的二电平码的直流基线会随着信息流中"0""1"的不同组合情况而随机起伏;而直流基线的起伏对接收端判决不利,因此需要进行线路编码以适应光纤线路传输的要求。

线路编码还有另外两个作用:其一是消除随机数字码流中的长连"0"码和长连"1"码,以便于接收端时钟的提取;其二是按一定规则进行编码,便于在运行中进行误码监测,以及在中继器上进行误码遥测。

3. CMI 码

CMI(Coded Mark Inversion)码是典型的字母型平衡码之一。CMI 在 ITU-TG.703 建议中被规定为 139 264 Kbit/s(准同步数字系列(PDH)的四次群)和 155 520 Kbit/s(SDH 的 STM-1)的物理/电气接口的码型。CMI 的编码规则为:1 交替编为 00,11;0 编为 01。其变换规则如表 6.2 所示。

表 6.2 CMI 编码规则

输入码字	CMI 码	
	模式 1	模式 2
0	01	01
1	00	11

CMI 码由于结构均匀,传输性能好,可以用游动数字和的方法监测误码,因此误码监测性能好。由于它是一种电接口码型,所以有不少 139 264 Kbit/s 的光纤数字传输系统采用 CMI 码作为光线路码型。除了上述优点外,它不需要重新变换,就可以直接用四次群复接设备送来的 CMI 码的电信号去调制光源器件,在接收端把再生还原的 CMI 码电信号直接送给四次群复用设备,而无需电接口和线路码型变换/反变换电路。其缺点是码速提高太快,传送辅助信息的性能较差。

实验中 CMI 码与 NRZ 码的对应关系如图 6.3 所示。

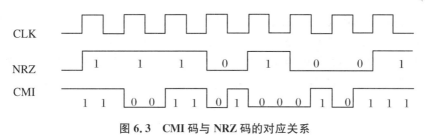

图 6.3 CMI 码与 NRZ 码的对应关系

四、实验内容及步骤

1. 连线

关电,参考系统框图,按表 6.3 说明依次进行连线。

表 6.3 端口连线说明(Ⅰ)

源 端 口	目 标 端 口	连 线 说 明
信号源:PN	模块 8:TH_3(数据)	提供编码输入数据
信号源:CLK	模块 8:TH_4(时钟)	提供编码输入时钟
模块 8:TH_6(编码输出)	模块 25:TH_2(数字输入)	送入光发射机

用光纤跳线连接 25 号模块的光发端口和光收端口,此过程是将电信号转换为光信号,经光纤跳线传输后,再将光信号还原为电信号。端口连线说明如表 6.4 所示。

表 6.4 端口连线说明(Ⅱ)

源 端 口	目 标 端 口	连 线 说 明
模块 25:TH_3(数字输出)	模块 8:TH_{10}(译码输入)	送入译码单元
模块 25:TH_3(数字输出)	模块 13:TH_7(锁相环输入)	送入位同步提取单元
模块 13:TH_5(BS_2)	模块 8:TH_9(译码时钟输入)	提供译码输入时钟

注意:连接光纤跳线时,需定位销口方向且操作要小心仔细,切勿损伤光纤跳线或光收发端口;在实验过程中,切勿将光纤端面对着人;切勿带电进行光纤的连接;不要带电插拔信号连接导线。

2. 设置 25 号模块的功能初状态

① 将收发模式选择开关 S_3 拨至"数字",即选择数字信号光调制传输。

② 将拨码开关 J_1 拨至 ON,即连接激光器;拨码开关 APC,此时选择 ON 或 OFF 都可,即 APC 功能可根据需要随意选择。

③ 将功能选择开关 S_1 拨至"光接收机",即选择光信号解调接收功能。

3. 进行系统联调和观测

① 打开系统和各实验模块电源开关。设置主控信号源模块的菜单,选择主菜单/光纤通信/CMI 编译码。此时系统初始状态下 PN 序列为 256 Kbit。再将 13 号模块的分频设置开关 S_3 拨至 0011,即提取 512 K 同步时钟。

② 调节 25 号模块中光发射机的 W_4 输出光功率旋钮,改变输出光功率强度;调节光接收机的 W_5 接收灵敏度旋钮和 W_6 判决门限旋钮,改变光接收效果。用示波器对比观测信号源 PN 序列和 8 号模块的 TH_{13} 译码数据输出端,直至二者码型一致。

③ 用示波器观测信号源 PN 序列和 8 号模块的 TH_6 编码输出端,对比编码前后的波形,验证 CMI 编码规则。

注:有兴趣的同学可以将信号源替换成 2 号模块,设置好码型和码速,通过光条观测信号经 CMI 编译码光纤传输系统后的情况。

④ 实验完成后,关闭交流电源,拆除各个连线,将实验箱还原。

五、实验报告

① 简述 CMI 编译码原理。
② 记录并分析 CMI 编译码实验波形结果。

六、预习要求

① 了解 HDB3 码、CMI 码和 NRZ 码。
② CMI 码的编码规则。
③ 设输入的 NRZ 码为 11110001011,写出其对应的 CMI 编码,并画出波形图。

七、思考题

① 为什么实际的数字光纤通信系统一般不直接采用 PCM 码型?
② CMI 作为数字光纤通信系统的线路码型有哪些优点?
③ 为什么要进行线路编码?什么叫作线路码型?光纤能否传输 HDB3 码?
④ CMI 码的编码规则是怎样的?CMI 编解码器输入信码与输出信码的码型、码速各是怎样的?

实验三　光发射机性能测试

一、实验目的

① 了解数字光发射机输出光功率的指标要求。
② 掌握数字光发射机输出光功率的测试方法。
③ 了解数字光发射机的消光比的指标要求。
④ 掌握数字光发射机的消光比的测试方法。

二、实验设备

主控和信号源模块、2 号模块、25 号模块各一个，23 号模块（光功率计）一台，FC-FC 单模光跳线一根，连接导线若干，同轴电缆一根。

三、实验原理

光发射机是数字光纤通信系统中的三大组成部分（光发射机、光纤光缆、光接收机）之一。其功能是将电脉冲信号变换成光脉冲信号，并以数字光纤通信系统传输性能所要求的光脉冲信号波形从光源器件组件的尾纤发射出去。光发射机主要由光源、驱动电路、输入电路、保护报警电路、自动偏置控制电路、控温电路，以及数据模式控制电路等几个部分组成。

光发射机的指标有如下几点：

1. 输出光功率

输出光功率必须保持恒定，要求在环境温度变化或 LD 器件老化的情况下，其输出光功率保持不变，或者其变化幅度在数字光纤通信工程设计指标要求的范围内，以保证数字光纤通信系统能长期正常稳定运行。光发射机的平均输出光功率被定义为：当发射机发射伪随机序列时，发射端输出的光功率值。

输出光功率是指给光发端机的数字驱动电路送入一伪随机二进制序列作为测试信号，用光功率计可直接测试出光发端机的光功率，即为数字发送单元的输出光功率。输出光功率测试连接如图 6.4 所示。

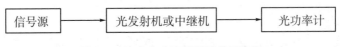

图 6.4　输出光功率测试连接示意图

2. 消光比

大多数光发射系统即使处于"断"的状态也会发射一些光功率,这与半导体激光器的发射特性和偏置状态有关,例如,当偏置电流小于阈值电流时,在"0"比特期间由于自发辐射亦有一些输出功率,而当偏置电流大于或等于阈值电流时,"0"比特期间输出功率将更大。消光比定义式如式(6.2),P_0 是给光发射机的数字驱动电路发送全"0"码时测得的光功率,P_1 是给光发射机的数字驱动电路发送全"1"码时测得的光功率,将 P_0,P_1 的值代入公式得

$$EXT = 10\lg \frac{P_1}{P_0} \text{ (dB)} \tag{6.2}$$

即得到光发端机的消光比。在光源为 LED 的条件下,一般不考虑消光比,因为它不加直流偏置电流 I_b,电信号直接加到 LED 上,无输入信号时的输出功率为零。因此,只有以 LD 作光源的光发射机才要求测试消光比。

消光比的值与光源工作电流有一定的关系,一般当发送"0"时,工作电流在阈值附近,实验时可调节相应的驱动电流。

对于光通信系统,一般是消光比越大越好,但是不可过大或过小。消光比太大,即预偏置电流太小或没有,影响通信系统传输速率;消光比太小,则调制深度浅,有用光功率比例减小,影响系统灵敏度。

四、实验内容及步骤

1. 平均输出光功率测试

(1) 连线

关闭系统电源,按如下说明连线:

① 用连线将信号源 PN 连至 25 号光收发模块的 TH_2 数字输入端。

② 用光纤跳线连接 25 号光收发模块的光发输出端和光收接入端,并将光发模块的功能选择开关 S_1 打到"光功率计"。

③ 用同轴电缆线将 25 号模块 P_4 光探测器输出端连至 23 号模块 P_1 光探测器输入端。

(2) 状态设置

将开关 J_1 拨为 10,即无 APC 控制状态;开关 S_3 拨为"数字",即数字光发;25 号光收发模块的电位器 W_4 和 W_2 顺时针旋至底,即将光发射机输出光功率设置为最大。

(3) 测试

开电,设置主控模块菜单,选择主菜单/光纤通信/光发射机平均光功率测试,可以进入"光功率计"功能设置页面。可以通过"选择/确认"多功能旋钮,切换功率计的测量波长;根据实际使用的光收发模块的波长类型,选择波长 1 310 nm 或

1 550 nm。此时光功率计的读数即为光发射机的平均光功率。

（4）完成实验

依次关闭各电源,拆除导线,拆除光纤跳线,将实验箱还原。

2. 消光比测试

（1）连线

关闭系统电源,按如下说明连线：

① 用连接线将 2 号模块 TH_7(D-OUT_D)连至 25 号光收发模块的 TH_2 数字输入端。

② 用光纤跳线连接 25 号光收发模块的光发输出端和光收接入端,并将光收发模块的功能选择开关 S_1 打到"光功率计"。

③ 用同轴电缆线将 25 号模块 P_4（光探测器输出）连至 23 号模块 P_1 光探测器输入端。

（2）状态设置

将开关 J_1 拨为 10,即无 APC 控制状态；开关 S_3 拨为"数字",即数字光发；将 25 号光收发模块的电位器 W_4 和 W_2 顺时针旋转至底,即设置光发射机的输出光功率为最大状态。

（3）测试

开电,设置主控模块菜单,选择主菜单/光纤通信/光发射机消光比测试,可以进入"光功率计"功能设置页面。可以通过"选择/确认"多功能旋钮,切换功率计的测量波长；根据实际使用的光收发模块的波长类型,选择波长 1 310 nm 或 1 550 nm。将 2 号模块的拨码开关 S_4 设置为 ON,使输入信号为全 1 电平。测得此时光发端机输出的光功率为 P_{11}。将 2 号模块的拨码开关 S_4 设置为 OFF,使输入信号为全 0 电平。测得此时光发射机输出的光功率为 P_{00}。将 P_{11} 和 P_{00} 的值代入公式 $EXT= 10\lg\dfrac{P_{11}}{P_{00}}$,即得光发射机消光比。调节 W_4,改变各参数,并将所测数据填入表 6.5 中。

表 6.5 输出功率测试结果记录表

平均光功率(μW)							
P_{11}(μW)							
P_{00}(μW)							
消光比(dB)							

（4）完成实验

依次关闭各电源,拆除导线,拆除光纤跳线,将实验箱还原。

五、实验报告

① 测试数字光发射机的输出光功率。
② 测试数字光发射机的消光比。

六、预习要求

① 预习平均光功率和消光比概念。
② 了解数字光发射机的消光比的指标要求,掌握数字光发射机的消光比的测试方法。
③ 了解光发射机的主要性能指标。

七、思考题

① 输出光功率大小对光纤通信系统有何影响?
② 消光比大小对光纤通信系统传输特性有何影响?
③ 如何确定数字光纤通信系统的驱动电流?

实验四 系统眼图

一、实验目的

① 掌握眼图的形成过程和意义。
② 掌握光纤通信系统中的眼图观测方法。

二、实验设备

主控和信号源、25号模块各一个,双踪示波器一台,连接线若干,光纤跳线一根。

三、实验原理

1. 眼图基本概念及实验观察方法

所谓眼图,就是一系列数字信号在示波器上累积而显示的图形。眼图包含了丰富的信息,反映的是系统链路上传输的所有数字信号的整体特征。利用眼图可以观察到码间串扰和噪声的影响,分析眼图是衡量数字通信系统传输特性的简单且有效的方法。

(1) 眼图的观测方法

通常观测眼图的方法如图 6.5 所示，以数字序列的同步时钟为触发源，用示波器 YT 模式测量系统输出端，调节示波器水平扫描周期，使之与接收码元的周期同步，则屏幕中显示的即为眼图。

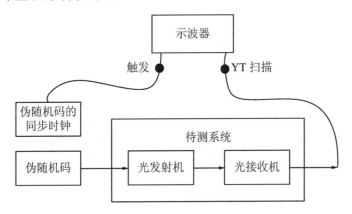

图 6.5　眼图测试方法框图

(2) 眼图的形成示意图

一个完整的眼图应该包含从 000 到 111 的所有状态组（图 6.6），且每个状态组发送的信息此时要尽量一致，否则有些信息将无法呈现在示波器屏幕上。

八种状态如下所示：

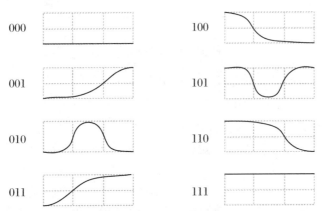

图 6.6　八种状态示意图

眼图合成示意图如图 6.7 所示。

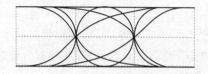

图 6.7　眼图合成示意图

一般在无串扰等影响情况下，从示波器上观测到的眼图与理论分析得到的眼图大致接近。

（3）眼图参数及系统性能

眼图的垂直张开度表示系统的抗噪声能力，水平张开度反映过门零点真量的大小。眼图的张开度受噪声和码间干扰的影响，当光收端机输出端信噪比很大时，眼图的张开度主要受码间干扰的影响，因此观察眼图的张开度就可以估算出光收端机码间干扰的大小。

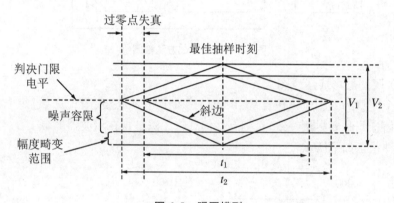

图 6.8　眼图模型

其中，垂直张开度 $E_0 = V_1/V_2$；水平张开度 $E_1 = t_1/t_2$。

从眼图中我们可以得到以下信息：

① 最佳抽样时刻是"眼睛"张开最大的时刻。

② 眼图斜边的斜率表示了定时误差灵敏度。斜率越大，对位定时误差越敏感。

③ 在抽样时刻上，眼图上、下两个分支阴影区的垂直高度表示最大信号畸变。两个阴影区的间隔距离的一半为噪声容限，若噪声瞬时值超过它就会出现错判。

④ 眼图中央的横轴位置对应于判决门限电平。

⑤ 眼图倾斜分支与横轴相交的区域的大小即过零点失真的变动范围，它对利用信号零交点的平均位置来提取定时信息的接收系统有影响。

2. 实验框图

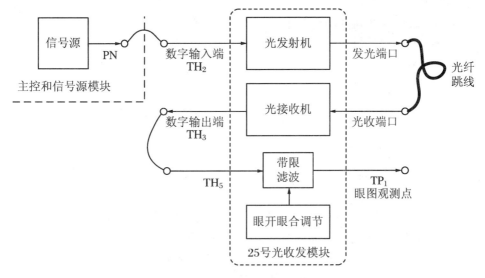

图 6.9 眼图测试实验系统框图

3. 实验框图说明

本实验以数字信号光纤传输为例,进行光纤通信测量中的眼图观测实验。为方便模拟真实环境中的系统传输衰减等干扰现象,我们加入了可调节的带限信道,用于观测眼图的张开和闭合等现象。如图 6.9 所示,系统主要由信号源、光发射机、光接收机,以及带限信道组成;信号源提供的数字信号经过光发射机和接收机传输后,再送入用于模拟真实衰减环境的带限信道;通过示波器测试设备,以数字信号的同步位时钟为触发源,观测 TP_1 测试点的波形图,即眼图。

四、实验内容与步骤

1. 连线

关电,参考实验框图,依次按下面说明连线:

① 用连接线将主控信号源模块的 PN 序列连接至 25 号模块的 TH_2 数字输入端。

② 用光纤跳线连接 25 号模块的光发端口和光收端口。此过程是将电信号转换为光信号,经光纤跳线传输后,再将光信号还原为电信号。

注意:连接光纤跳线时需定位销口方向且操作要小心仔细,切勿损伤光纤跳线或光收发端口。

③ 用连接线将 25 号模块的 TH_3 数字输出端连接至 25 号模块的 TH_5。此过

程是将基带信号送入一个可调带限信道,用于模拟实际传输过程中可能出现的信道强度衰减。

2. 设置 25 号模块的功能初状态

① 将收发模式选择开关 S_3 拨至"数字",即选择数字信号光调制传输。

② 将拨码开关 J_1 拨至 ON,即连接激光器;拨码开关 APC,此时选择 ON 或 OFF 都可,即 APC 功能可根据需要选择。

③ 将功能选择开关 S_1 拨至"光接收机",即选择光信号解调接收功能。

3. 进行系统联调和观测

① 打开系统和各实验模块电源开关。设置主控信号源模块的菜单,选择主菜单/光纤通信/眼图观测。自行设置"功能 1",使 PN 输出频率为 256 kHz,PN 输出码型为 PN127 或 PN15。

注:在观察眼图时,不同的示波器屏幕显示效果有所不同,有时候需要选择一个合适的信号源或者将示波器的波形持续等功能开启。

② 调节 25 号模块中光发射机的 W_4 输出光功率旋钮,改变输出光功率强度;调节光接收机的 W_5 接收灵敏度旋钮和 W_6 判决门限旋钮,改变光接收效果。用示波器对比观测信号源 PN 序列和 25 号模块的 TH_3 数字输出端,直至二者码型一致。

③ 以主控信号源模块上的信号源 CLK 为触发,将示波器探头分别接信号源 CLK 和 25 号模块的眼图观测点 TP_1,调整示波器相关功能挡位,观测眼图显示效果。

④ 调节 25 号模块的 W_8 眼开合旋钮,改变带限信道的影响强度,观测示波器中眼图张开和闭合现象。

⑤ 记录眼图波形并测量出眼图特性参数,从而评估系统性能。

五、实验报告

① 观测并记录眼图波形。

② 测量和计算眼图的特性参数,评估系统性能。

六、预习要求

① 预习 PN 序列的相关内容。

② 了解眼图的概念。

七、思考题

码间干扰是如何在眼图中体现的?

实验五 光纤通信波分复用系统

一、实验目的

① 掌握波分复用技术的概念。
② 了解光纤接入网中波分复用技术的工作原理,掌握其实现方法。

二、实验设备

主控和信号源、1号模块、25号模块(1 310 nm)、25号(1 550 nm)各一个,双踪示波器一台,连接线若干,波分复用器两个,法兰盘一个。

三、实验原理

1. 实验框图

实验框图如图6.10所示。

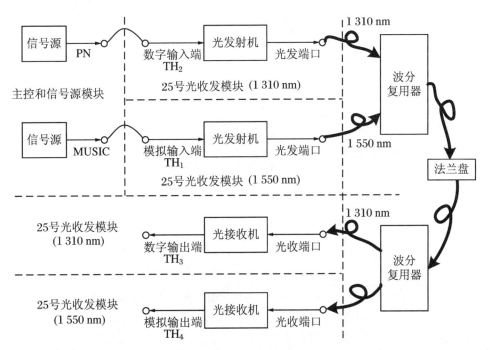

图6.10 实验框图

2. 实验框图说明

本实验利用波分复用器的合波和分波功能,将两路光信号合成一路在光纤中传输的过程。如图6.10所示,系统主要由模拟信号源、数字信号源、1 310 nm 光发射机、1 310 nm 光接收机、1 550 nm 光发射机、1 550 nm 光接收机,以及两个波分复用器和一个法兰盘组成。图中数字 PN 序列由波长为 1 310 nm 的光收发模块传输,模拟信号由波长为 1 550 nm 的光收发模块传输。

3. 波分复用器的光波传输独立性验证方法

光纤波分复用器最基本的特性就是对不同波长的光信号的传输具有独立性。所谓独立性,就是波分复用器中不同波长的光信号之间互不干扰。我们可以参考波分复用系统实验框图以及下面的对立性验证框图,验证波分复用器的独立性,如图6.11所示。

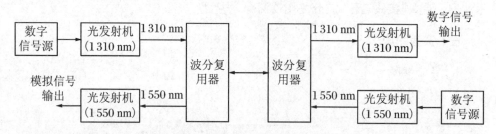

图6.11 波分复用器的独立性验证框图

从图6.11中可以看出,验证独立性时,只需将图6.10中某路光传输方向反过来即可,即改变模拟信号的传输方向。由于光波传输的独立性,两个方向的光波信号可进行无干扰的正常传输。

四、实验内容及步骤

1. 连线

关电,参考实验框图,依次按以下说明连线:

① 用连线将主控信号源模块的 PN 序列连接至25号模块(波长1 310 nm)的 TH_2 数字输入端,即将 1 310 nm 的光收发模块用于传输 PN 序列。

② 用连线将主控信号源模块的 MUSIC 连接至25号模块(波长1 550 nm)的 TH_2 数字输入端,即将 1 550 nm 的光收发模块用于传输 MUSIC。

③ 将波分复用器 A 的 1 310 nm 光纤接头连接至25号模块(波长1 310 nm)的光发端口;将波分复用器 A 的 1 550 nm 光纤接头连接至25号模块(波长1 550 nm)的光发端口。

注意:连接光纤跳线时需定位销口方向且操作要小心仔细,切勿损伤光纤跳线或光收发端口,切勿带电操作。

④ 用法兰盘将波分复用器 A 的合路端口和波分复用器 B 的合路端口连接在一起。

⑤ 将波分复用器 B 的 1 310 nm 光纤接头连接至 25 号模块(波长 1 310 nm)的光收端口;将波分复用器 B 的 1 550 nm 光纤接头连接至 25 号模块(波长 1 550 nm)的光收端口。

⑥ 用连接线将 25 号模块(波长 1 550 nm)的 P_4 模拟输出端连接至 1 号模块的 TH_{12} 音量输入端,即用扬声器展示音频信号输出效果。

2. 设置 25 号模块(波长 1 310 nm)的功能初状态

① 将收发模式选择开关 S_3 拨至"数字",即选择数字信号光调制传输。

② 将拨码开关 J_1 拨至 ON,即连接激光器;拨码开关 APC 此时选择 ON 或 OFF 都可,即 APC 功能可根据需要选择。

③ 将功能选择开关 S_1 拨至"光接收机",即选择光信号解调接收功能。

3. 设置 25 号模块(波长 1 550 nm)的功能初状态

① 将收发模式选择开关 S_3 拨至"模拟",即选择数字信号光调制传输。

② 将拨码开关 J_1 拨至 ON,即连接激光器;拨码开关 APC 此时选择 ON 或 OFF 都可,即 APC 功能可根据需要选择。

③ 将功能选择开关 S_1 拨至"光接收机",即选择光信号解调接收功能。

4. 进行系统联调和观测

① 打开系统和各实验模块电源开关。

② 观测数字信号传输效果。用示波器对比观测 25 号模块(波长 1 310 nm)的 TH_2 数字输入端和 TH_3 数字输出端。调节模块中光发射机的 W_4 输出光功率旋钮,改变输出光功率强度;调节光接收机的 W_5 接收灵敏度旋钮和 W_6 判决门限旋钮,改变光接收效果。数字输入端和数字输出端的码元应完全一致。

③ 体会模拟信号传输效果。设置主控信号源模块中的信号源/音频输出,使 MUSIC 输出信号为"音频1",调节 25 号模块(波长 1 550 nm)的 W_5 接收灵敏度按钮和 1 号模块的 W_1 音量旋钮,感受音频输出效果。

④ 验证波分复用器的光传输独立性。关电,参考实验框图说明,改变 25 号模块(波长 1 550 nm)上的波分复用器的端口连接方式,即将该模块上的光纤接头对调位置。再开电,调节相应旋钮,感受音乐输出效果。

五、实验报告

① 画出波分复用系统组成框图,阐述波分复用系统原理和特点。

② 记录并画出 PN 序列经波分复用系统传输的输入和输出波形。

六、预习要求

① 了解波分复用技术的概念。
② 了解光纤通信系统连接器的用法。

七、思考题

① 说明时分复用与光波分复用的异同点。
② 如果采用多个波长进行波分复用,对实验箱和波分复用器有何要求?

实验六 电话数字光纤传输系统

一、实验目的

① 了解电话及语音信号通过光纤传输的全过程。
② 掌握数字电话光纤传输的工作原理。
③ 在单台实验设备上搭建电话话音信号时分交换光纤传输系统。

二、实验设备

主控和信号源、1 号模块、7 号模块、8 号模块、13 号模块、25 号模块各一个,20 MHz 双踪模拟示波器一台,FC-FC 单模光纤跳线一根,电话机两部,连接导线若干。

三、实验原理

对于局间通信来说,电话语音通信具有举足轻重的作用。以电话通信网络为载体,各种模拟(或数字)信号的传输系统已经商业化。例如,电话、传真、拨号网络通信等业务都是在局间电话网上实现的。

在数字传输系统中,几乎所有业务均以一定的格式出现,因而在信道上对各种业务传输之前要对业务的数据进行包装。信道上对业务数据包装的过程称为帧组装,不同的系统和信道设备帧组装的格式和过程不一样。

时分复用制的数字通信系统,在国际上已逐渐建立起标准并被广泛使用。时分复用的主要特点是在一个信道上利用不同的时隙来传递各路不同信号(语音、数据或图像)。实际的电话业务共有 32 个时隙,其中 30 个时隙用于语音业务。第一个时隙为定位时隙,用于帧同步提取。第二个到第十六个时隙用于传输话音业务;

第十七个时隙用于信令信号传输,以实现信令的接续;第十八个到第三十二个时隙用于话音业务。

电话用户接口输出的两路模拟信号经过 PCM 编码以后,利用时分复用的方式,将两路数字信号调制成一路信号,然后送入光发端机中进行光纤传输。光收端机接收的信号经过时分解复用,实现信号的分离,然后被分别送入两个电话用户接口电路中,实现两部电话的全双工通话。其方框图如图 6.11 所示,单台实验设备实验连线框图如图 6.13~图 6.15 所示。

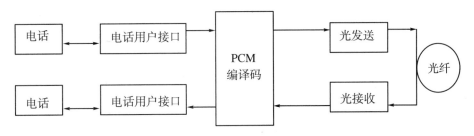

图 6.12 电话的数字光纤传输框图

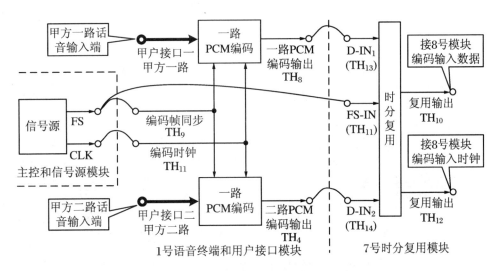

图 6.13 电话终端 PCM 编码及复接处理框图

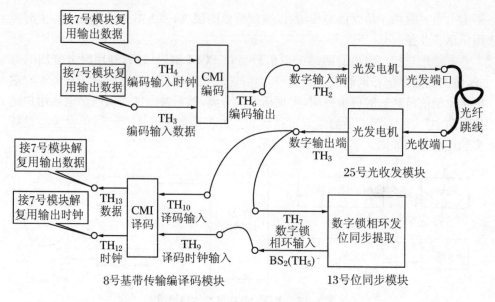

图 6.14　CMI 编译码及光收发连接框图

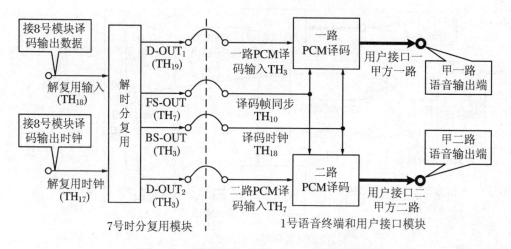

图 6.15　解复接及电话终端 PCM 译码框图

在 PCM 编译码中,帧同步信号为 8 kHz,1 帧信号分为 4 个时隙,分别为时隙 0、时隙 1、时隙 2 和时隙 3。时隙 0 为帧同步信号,其同步码为固定的码流 01110010;时隙 1 和时隙 2 分别为两路电话语音调制数据;时隙 3 为空时隙,在本实验中没有用到(用低电平表示)。图 6.16 为 PCM 编码 1 帧的结构示意图。

图 6.16　时分复用帧结构示意图

四、实验内容与步骤

1. 连线

关电,参考实验框图,依次按表 6.5 连线。

① 将两部电话分别接至 1 号模块的用户接口一路和用户接口二路的电话插座。

② 用光纤跳线连接 25 号模块的光发端口和光收端口。此过程将电信号转换为光信号,经光纤跳线传输后再将光信号还原为电信号。

注意:连接光纤跳线时需定位销口方向且操作要小心仔细,切勿损伤光纤跳线或光收发端口。

表 6.5　端口连线说明

源 端 口	目 标 端 口	连 线 说 明
信号源:FS	模块 1:TH_9(编码帧同步)	提供 PCM 编码帧同步
信号源:CLK	模块 1:TH_{11}(编码时钟)	提供 PCM 编码时钟
信号源:FS	模块 7:TH_{11}(FS-IN)	提供复接帧同步
模块 1:TH_8(一路 PCM 编码输出)	模拟 7:TH_{13}(D-IN_1)	将一路编码信号送入复接
模块 1:TH_4(二路 PCM 编码输出)	模拟 7:TH_{14}(D-IN_2)	将拨码开关数据送入复接
模块 7:TH_{10}(复用输出)	模块 8:TH_3(数据)	提供编码输入数据
模块 7:TH_{12}(复用输出时钟)	模块 8:TH_4(时钟)	提供编码输入时钟
模块 8:TH_6(编码输出)	模块 25:TH_2(数字输入)	送入光发射机

续表

源 端 口	目 标 端 口	连线说明
模块 25:TH$_3$(数字输出)	模块 8:TH$_{10}$(译码输入)	送入译码单元
模块 25:TH$_3$(数字输出)	模块 13:TH$_7$(数字锁相环输入)	送入位同步提取单元
模块 13:TH$_5$(BS$_2$)	模块 8:TH$_9$(译码时钟输入)	提供译码输入时钟
模块 8:TH$_{13}$(译码输出数据)	模块 7:TH$_{18}$(解复用输入)	送入解复接单元
模块 8:TH$_{12}$(译码输出时钟)	模块 7:TH$_{17}$(解复用输入时钟)	提供解复用输入时钟
模块 7:TH$_7$(FS-OUT)	模块 1:TH$_{10}$(译码帧同步)	提供 PCM 译码帧同步
模块 7:TH$_3$(BS-OUT)	模块 1:TH$_{18}$(译码时钟)	提供 PCM 译码时钟
模块 7:TH$_{19}$(D-OUT$_1$)	模块 1:TH$_3$(一路 PCM 译码输入)	送 PCM 译码
模块 7:TH$_4$(D-OUT$_2$)	模块 1:TH$_7$(二路 PCM 译码输入)	送 PCM 译码

2. 设置 25 号模块的功能初状态

① 将收发模式选择开关 S$_3$ 拨至"数字",即选择数字信号光调制传输。

② 将拨码开关 J$_1$ 拨至 ON,即连接激光器;拨码开关 APC,此时选择 ON 或 OFF 都可,即 APC 功能可根据需要选择。

③ 将功能选择开关 S$_1$ 拨至"光接收机",即选择光信号解调接收功能。

3. 进行系统联调和观测

① 打开系统和各实验模块电源开关。设置主控模块的菜单,选择主菜单/光纤通信/电话语音光纤传输系统,进入电话呼叫界面。将 13 号模块的拨码开关 S$_3$ 设置为 0000,即将数字锁相环用于提取 CMI 译码所需时钟。

② 先在主从机选择界面(图 6.17)中选择"主机模式",按"选择/确认"键进入区号选择界面(图 6.18)。

③ 再在区号选择界面中,任意选择一个区号,如 010,020,021,027,028,029 等,按"选择/确认"键进入话机状态界面(图 6.19)。

④ 进行铃流观测及呼叫测试操作。

A. 观测几种常见信令铃流音。用示波器分别观测 1 号模块上信令音产生单元的拨号音、催挂音、回铃音,以及忙音测试点,记录实验波形,并比较彼此的区别。

B. 正常通话状态呼叫处理过程测试。

a. 甲方一路话机(8700)和甲方二路话机(8701)均处于挂机状态。

b. 甲方一路作为主叫,先摘机。用示波器观测摘挂机状态测试点 TP_{10}(摘机检测-A),可知该测试点由高电平变为低电平,同时摘机挂机指示灯 D_{12} 由灭变亮。观测到模拟用户线接口 TP_{12}(TIP-A)为连续 500 Hz 正弦波,同时在主叫话筒内听到拨号音。

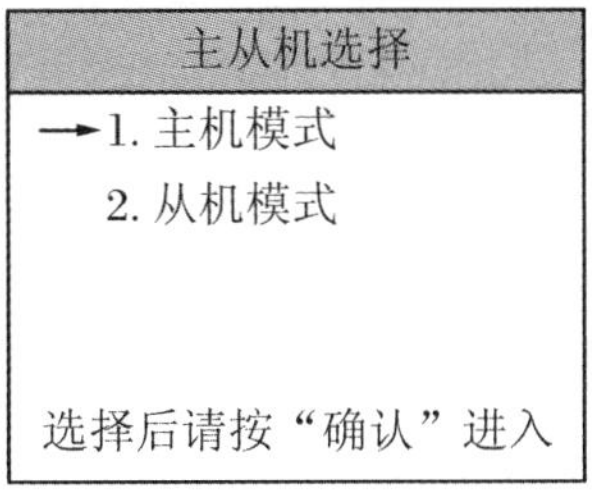

```
┌─────────────────────┐   ┌─────────────────────┐   ┌─────────────────────┐
│    主从机选择         │   │     区号选择          │   │     话机状态          │
│ → 1. 主机模式         │   │ → 010      020       │   │   甲方一路  待机      │
│   2. 从机模式         │   │   021      027       │   │   甲方二路  待机      │
│                     │   │   028      029       │   │                     │
│                     │   │                     │   │                     │
│ 选择后请按"确认"进入   │   │ 选择后请按"确认"进入   │   │                     │
└─────────────────────┘   └─────────────────────┘   └─────────────────────┘
```

图 6.17　主从机选择界面 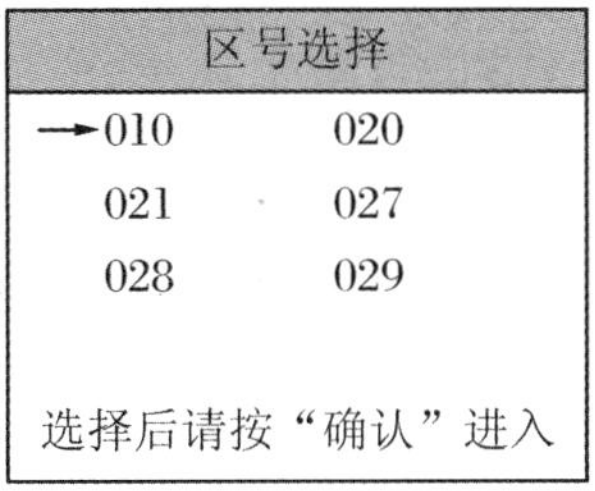　　图 6.18　区号选择界面 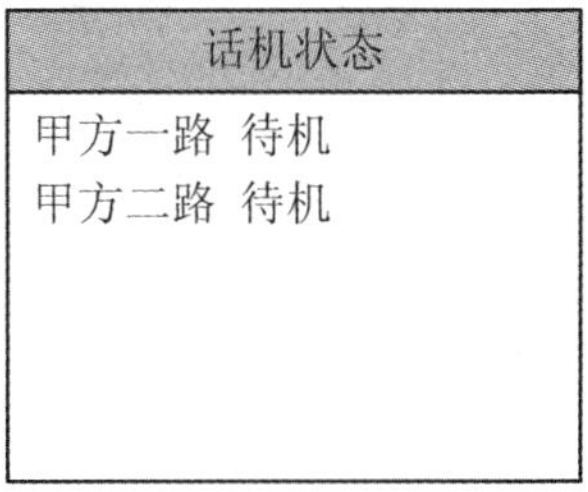　　图 6.19　话机状态界面

c. 甲方一路话机呼叫甲方二路(8701),同时观察 DTMF 号码检测单元的指示灯变化情况;在主叫话机的话筒内听到拨号音,被叫话机有振铃,观测并记录模拟用户线接口 TP_{12}(TIP-A)为回铃音的通断。

d. 甲方二路摘机,TP_{12}(TIP-A)处回铃音信号消失,主叫电话甲方一路话筒内回铃音消失,被叫电话甲方二路振铃信号消失。此时双方可以互相通话。适当调节 25 号模块的 W_5 接收灵敏度旋钮,并倾听话音传输效果和变化情况,直至甲方一路和二路之间话音传输效果最佳。

e. 甲方二路挂机,主叫话筒内听到忙音,观测并记录 TP_{12}(TIP-A)信号。

f. 主叫甲方一路话机挂机,用示波器观测摘挂机状态测试 TP_{10}(摘机检测-A),可知该测试点由低电平变为高电平。通话结束。

4. 完成实验

试验完成后,拆除所有的连线,将实验箱还原。

实验调试难点及说明:由于语音要经过光收发模块进行传输,所以光纤传输通道是否调节好,是实验成功与否的关键。建议实验前先根据数字信号光纤传输的相关实验,将光纤通道调节至无失真传输状态,再进行电话语音光纤传输实验。

五、实验报告

总结和分析实验过程,记录实验数据和波形。

六、预习要求

① 预习波分复用 WDM 和时分复用 TDM 的概念。
② 了解 PCM 编码的过程。

七、思考题

① 能否用一根光纤传输两路模拟信号？如果可以，如何实现？如果不行，说明理由。

② 与模拟电话相比，数字电话有哪些优点？

③ 画出 PCM 编码输出 1 帧的结构示意图，用示波器观察各帧的波形，说明 1 帧信息中各时隙代表的意义。

参 考 文 献

[1] 管致中,等. 信号与线性系统[M]. 北京:高等教育出版社,2007.
[2] 吴大正. 信号与线性系统分析[M]. 北京:高等教育出版社,2000.
[3] 奥本海姆. 信号与系统[M]. 刘树棠,译. 西安:西安交通大学出版社,1995.
[4] 樊昌信. 通信原理[M]. 4版. 北京:国防工业出版社,1999.
[5] 曹志刚. 现代通信原理[M]. 北京:清华大学出版社,2008.
[6] 高西全. 数字信号处理学习指导[M]. 西安:西安电子科技大学出版社,2001.
[7] 程佩青. 数字信号处理教程[M]. 北京:清华大学出版社,2001.
[8] 奥本海姆. 离散时间信号处理[M]. 2版. 刘树棠,译. 西安:西安交通大学出版社,2001.
[9] 吴锁杨. 数字信号处理的原理与实现[M]. 南京:东南大学出版社,1997.
[10] 戴明帧. 数字信号处理的硬件实现[M]. 北京:航空工业出版社,1989.
[11] 章坚武. 移动通信[M]. 2版. 西安:西安电子科技大学出版社,2010.
[12] 庞宝茂. 移动通信[M]. 西安:西安电子科技大学出版社,2009.
[13] 韦惠民. 蜂窝移动通信技术[M]. 西安:西安电子科技大学出版社,2010.
[15] 姚美菱. 移动通信原理与系统[M]. 北京:北京邮电大学出版社,2011.
[16] 曾庆珠. 移动通信[M]. 北京:北京理工大学出版社,2009.
[17] 杨祥林. 光纤通信系统[M]. 北京:国防工业出版社,2002.
[18] 赵梓森. 光纤通信工程[M]. 北京:人民邮电出版社,1994.
[19] 张明德. 光纤通信原理与系统[M]. 南京:东南大学出版社,1996.
[20] 叶培大. 光波导技术基本理论[M]. 北京:人民邮电出版社,1981.
[21] 阮秋琦. 数字图像处理学[M]. 北京:电子工业出版社,2001.
[22] 章毓晋. 图像工程(上):图像处理和分析[M]. 北京:清华大学出版社,1999.

附录 A 第三章程序说明

一、实验一程序说明

1. CCS 包含 C 编译器、支持标准 C,以及 C 和汇编混合编程。

C 编译器包括三个功能模块:语法分析、代码优化和代码产生,如附图 1 所示。其中,语法分析(Parser)完成 C 语法检查和分析;代码优化(Optimizer)对程序进行优化,以便提高效率;代码产生(Code Generator)将 C 程序转换成 C54x 的汇编源程序。

附图 1 C 编译器

本实验通过一些对数组及数据指针的基本操作,让实验者能够对在 CCS 环境下使用 C 语言编程有一个一目了然的认识,通过使用汇编语句体会两者综合运用的优越性。

2. 实验源程序如下:

```
#include <math.h>
#define pi 3.1415926
#define N  500
void main( )
{   int i,j;
    int *p;
    int x[500];
        for(i=0;i<N;i++)
            x[i]=0;
    for(i=0;i<N;i++)
    {    x[i]=(int)100*sin(2*pi*i/250);
    }
            p=(int *)0x100;
```

```
            for(i=0;i<N;i++)
        {       *p=x[i];
            p++;
        }
            for(;;)
        {   asm("rsbx xf");
                for(i=0;i<30000;i++)
                for(j=0;j<10;j++)
            {   asm("nop");
        asm("nop");
            }
        asm("ssbx xf");
                for(i=0;i<30000;i++)
            for(j=0;j<10;j++)
            {
            asm("nop");
            asm("nop");
            }
            }
        }
```

Extern void initial(void)源程序如下：

```
        .mmregs
        .global _initial
        .global_READAD7822
        .global_WRITEDAC08
        .text
    _initial:
        NOP
        STM  #0,CLKMD;software setting of DSP clock
        STM  #0,CLKMD;(to divider mode before setting)
    statu:
        ldm   clkmd,A
        and   #01b,A;poll STATUS bit
        bc    statu,ANEQ
```

```
            nop
            STM    ♯0x97ff,CLKMD;set C5402 DSP clock to 100MHz
            rpt    ♯0ffh
            nop
            nop
            nop
            ld     ♯0h,dp
            stm    3fa0h,pmst
            stm    7fffh,swwsr
            ;stm   ♯0h,swcr
            stm    3000h,ar1
            ;stm   10ffh,ar0
            nop
            nop
            ret
            nop
            nop
        _READAD7822:
            nop
            andm   ♯0fffbh,pmst
            stm    3000h,ar1
            rpt    ♯80h
            st     00h,*ar1+
            nop
        loop1:
            stm    3000h,ar1
            stm    80h,ar2
        loop0:
            bc     loop0,nbio
            portr  800ch,*ar1
            andm   ♯00ffh,*ar1+
        here1:
            bc     here1,bio
            banz   loop0,*ar2-
```

```
                ret
                nop
                nop
_WRITEDAC08：
                nop
                nop
                stm      3080h,ar4
                stm      80h,ar5
loop2：
                bc  loop2,nbio
                portw  *ar4,800bh
        ;       andm   #00ffh,*ar3+
here2：
                bc  here2,bio
        ;       banz  loop2,*ar4-
                ret
                nop
                nop
        .end
```

二、实验二程序参数说明

1. MATLAB 实现程序说明
（1）MATLAB 编写 DIT-FFT 算法代码
function y=myditfft(x)
% y=myditfft(x)
%本程序对输入序列 x 实现 DIT-FFT 基 2 算法,点数取大于等于 x 长度的 2 的幂次,x 为给定时间序列,y 为 x 的离散傅里叶变换
M=nextpow2(x);N=2^M;
if length(x)<N   %若 x 的长度不是 2 的幂,补 0～2 的整数幂
    x=[x,zeros(1,N-length(x))];
end
nxd=bin2dec(fliplr(dec2bin([1:N]-1,M)))+1;   %求 1:2^M 数列的倒序
X=x(nxd);   %将 x 倒序排列作为 X 的初始值

```
            WN=exp(-i*2*pi/N);    %本次分解的基本 DFT 因子 WN=
                                    exp(-i*2*pi/N)
        for L=1:M    %将 DFT 作 m 次基 2 分解,从左到右,对每次分解作
                       DFT 运算
            B=2^(L-1);
            for J=0:B-1    %本次跨越间隔内的各次蝶形运算
                P=J*(2^(M-L));
            for k=J+1:k+2^L:N    %本次蝶形运算的跨越间隔为 Nmr=2^mm
                kB=k+B;
                s=X(kB)*(WN^p);
                X(kB)=X(k)-s;
                X(k)=X(k)+s;
            end
            end
        end
```

(2) 使用 MATLAB 自带的 FFT 函数进行 FFT 分析

```
        clear all
        N=128;
        n=0:N-1;
        xn=2*sin((pi/3)*n)+3*cos(0.25*pi*n);
        XK=fft(xn,N);
        magXK=abs(XK);
        phaXK=angle(XK);
        subplot(2,1,1);stem(n,xn);    %该指令将图形窗口分成 m 行,n
                                        列的 m*n 块子区域,按照行从
                                        上向下,列从左向右的顺序,在
                                        第 k 块区域定义一个坐标系,
                                        subplot(m,n,k);stem 绘制离散
                                        序列图
        xlabel('n');ylabel('x(n)');
        k=0:length(magXK)-1;%k=0:N-1;
        subplot(2,1,2);stem(k,magXK)1
        xlabel('k');ylabel('|X(k)|');
```

1. DSP 硬件实验 ExpFFT.c 程序说明

(1) 程序参数说明

Extern void initial(void);
Extern void READAD7822(void);
Void kfft(pr,pi,n,k,fr,fi,l,il);

基 2 快速傅里叶变换子程序，n 为变换点数，应满足 2 的整数次幂，k 为幂次（正整数）；数组 x：输入信号数组，A/D 转换数据存放于地址为 3000H～307FH 的存储器中，转为浮点型后，生成 x 数组，长度 128；数组 mo：FFT 变换数组，长度 28，浮点型，整型后，写入地址为 3080H～30FFH 的存储器中。

（2）FFT 算法流程图

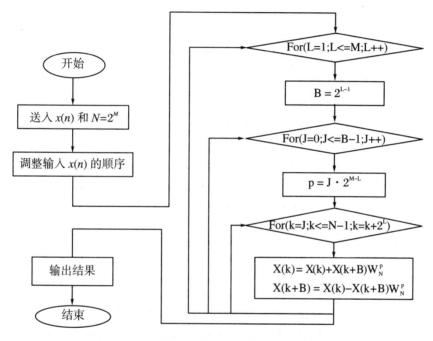

附图 2　FFT 算法流程图

（3）实验源程序

```
extern void initial(void);
extern void READAD7822(void);
extern void WRITEDAC08(void);
/* * * * * * * * * * * * * * * * * * * * * * * * * * * *
 * * Main Function Program
 * * * * * * * * * * * * * * * * * * * * * * * * * * * */
#include "stdio.h"
#include "math.h"
```

```c
void kfft(pr,pi,n,k,fr,fi,l,il)
int n,k,l,il;
double pr[ ],pi[ ],fr[ ],fi[ ];
{ int it,m,is,i,j,nv,l0;
  double p,q,s,vr,vi,poddr,poddi;
  for (it=0;it<=n-1;it++)
    { m=it;is=0;
      for (i=0;i<=k-1;i++)
        { j=m/2;is=2*is+(m-2*j);m=j;}
      fr[it]=pr[is];fi[it]=pi[is];
    }
  pr[0]=1.0;pi[0]=0.0;
  p=6.283185306/(1.0*n);
  pr[1]=cos(p);pi[1]=-sin(p);
  if (l!=0) pi[1]=-pi[1];
  for (i=2;i<=n-1;i++)
    { p=pr[i-1]*pr[1];q=pi[i-1]*pi[1];
      s=(pr[i-1]+pi[i-1])*(pr[1]+pi[1]);
      pr[i]=p-q;pi[i]=s-p-q;
    }
  for (it=0;it<=n-2;it=it+2)
    { vr=fr[it];vi=fi[it];
      fr[it]=vr+fr[it+1];fi[it]=vi+fi[it+1];
      fr[it+1]=vr-fr[it+1];fi[it+1]=vi-fi[it+1];
    }
  m=n/2;nv=2;
  for (l0=k-2;l0>=0;l0--)
    { m=m/2;nv=2*nv;
      for (it=0;it<=(m-1)*nv;it=it+nv)
        for (j=0;j<=(nv/2)-1;j++)
          { p=pr[m*j]*fr[it+j+nv/2];
            q=pi[m*j]*fi[it+j+nv/2];
            s=pr[m*j]+pi[m*j];
            s=s*(fr[it+j+nv/2]+fi[it+j+nv/2]);
```

```
                    poddr=p-q;poddi=s-p-q;
                    fr[it+j+nv/2]=fr[it+j]-poddr;
                    fi[it+j+nv/2]=fi[it+j]-poddi;
                    fr[it+j]=fr[it+j]+poddr;
                    fi[it+j]=fi[it+j]+poddi;
                }
            }
        if (l!=0)
            for (i=0;i<=n-1;i++)
                { fr[i]=fr[i]/(1.0*n);
                  fi[i]=fi[i]/(1.0*n);
                }
        if (il!=0)
            for (i=0;i<=n-1;i++)
                { pr[i]=sqrt(fr[i]*fr[i]+fi[i]*fi[i]);
                  if (fabs(fr[i])<0.000001*fabs(fi[i]))
                      { if ((fi[i]*fr[i])>0) pi[i]=90.0;
                        else pi[i]=-90.0;
                      }
                  else
                      pi[i]=atan(fi[i]/fr[i])*360.0/6.283185306;
                }
    }
void main(void)
{       int i,n,k=0;
        double x[128],pr[128],pi[128],fr[128],fi[128],mo[128];
    int xm,zm;
        int *px = (int*)0x3000;
        int *pz = (int*)0x3080;
        n=128;
        initial();
        for (;;)
        {
            READAD7822();
```

```
                px = (int*)0x3000;
                for (i=0;i<=n-1;i++)
                {    xm = *px;
                     x[i] = (xm-128)/100.0;
                     pr[i] = x[i];
                     pi[i] = 0;
                     px++;
                }
                kfft(pr,pi,128,7,fr,fi,0,1);
                pz = (int*)0x3080;
                for (i=0;i<=n-1;i++)
                {    mo[i] = sqrt(fr[i]*fr[i]+fi[i]*fi[i]);
                     zm = (int)(mo[i]*100.0);
                     *pz = zm;
                     pz++;
                }
                k++;
           }
     }
/*****************************
** End of File —— ExpFFT.c
*****************************/
```

三、实验三程序说明

1. MATLAB 样例程序说明

利用巴特沃斯模拟低通滤波器及双线性变换法设计一数字滤波器,满足 $\Omega_p = 0.2\pi, \Omega_s = 0.6\pi, A_p \leq 2$ dB, $A_s \geq 15$ dB;

```
clear;
clc;%开始准备
Wp=0.2*pi;Ws=0.6*pi;Ap=2;As=15;
T=2;Fs=1/T;;    %Fs 为采样频率,是数字滤波器设计指标
wp=2*tan(wp/2)/T;ws=2*tan(ws/2)/T;   %设计 3 dB 截频为 wp 的模
                                      拟低通滤波器
[N,wc]=buttord(wp,ws,Ap,As,'s')   %确定 butterworth 的最小阶数 N
```

附录A 第三章程序说明

和截止频率 wc

```
[numa,dena]=butter(N,wc,'s');      %模拟滤波器的系数
[numd,dend]=bilinear(numa,dena,Fs); %双线性法进行模数变换,频率响应
w=linspace(0,pi,1024);
h=freqz(numd,dend,w);
plot(w/pi,20*log10(abs(h)));        %绘制幅频响应
axis([0 1 -50 0]);
grid;
xlabel('Normalized frequency');
ylabel('Gain,dB');                  %计算数字滤波器的衰减
w=[Wp Ws];h=freqz(numd,dend,w);     %freqz( )求离散系统频响特性的函数
fprintf('Ap= %.4f\n',-20*log10( abs(h(1))));
fprintf('As= %.4f\n',-20*log10( abs(h(2))));
```

2. IIR 程序说明

(1) 程序参数说明

Extern void InitC5402(void)

Extern void READAD7822(void)

void biir2lpdes(double fs,double nlpass,double nlstop,double a[ ],double b[ ])

IIR 低通滤波器参数设计子程序参数说明：

f_s：采样频率。

nlpass：通带上限频率归一化参数。

nlstop：阻带下限截止频率归一化参数。

设置时,采样频率对应为 1,应使 nlpass 和 nlstop 两个参数均要小于 0.5,且 nlpass 要比 nlstop 小 0.2,否则将不能满足阻带的最大衰减大于 30 dB。

数组 a：存放 IIR 低通滤波器传递函数的极点计算结果,浮点型。

数组 b：存放 IIR 低通滤波器传递函数的零点计算结果,浮点型。

输入信号：输入信号经 A/D 转换后,写入地址为 3000H～30FFH 的单元,十六位整型；

输出信号：滤波后信号,写入地址为 3100H～31FFH 的单元,十六位整型。

(2) 程序流程图如附图 3 所示。

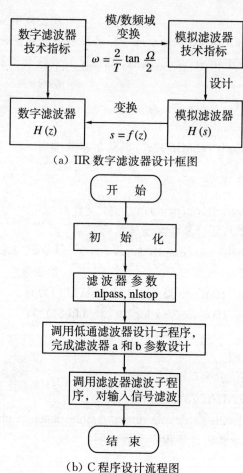

(a) IIR 数字滤波器设计框图

(b) C 程序设计流程图

附图 3 IIR 程序流程图

(3) 实验源程序如下：

```
extern void InitC5402(void);
extern void READAD7822(void);
/ * * * * * * * * * * * * * * * * * * * * * * * * * * * * * *
 * * Main Function Program
 * * * * * * * * * * * * * * * * * * * * * * * * * * * * * * */

#include "stdio.h"
#include "math.h"
#define pi 3.1415926
double fs,nlpass,nlstop,nhpass,nhstop,a[3],b[3],x,y;
```

附录A
第三章程序说明

```
void biir2lpdes(double fs,double nlpass,double nlstop,double a[],double b[]);
void biir2lpdes(double fs,double nlpass,double nlstop,double a[],double b[])
{
    int i,u,v;
    double wp,omp,gsa,t;
    wp=nlpass*2*pi;
    omp=tan(wp/2.0);
    gsa=omp*omp;
    for (i=0;i<=2;i++)
      {
         u=i%2;
         v=i-1;
         a[i]=gsa*pow(2,u)-sqrt(2)*omp*v+pow(-2,u);
      }
      for (i=0;i<=2;i++)
      { u=i%2;
        b[i]=gsa*pow(2,u);
      }
    t=a[0];
    for (i=0;i<=2;i++)
      { a[i]=a[i]/t;
        b[i]=b[i]/t;
      }
}
void main(void)
{
    int k=0;
    int n,x_ad,y_da;
    int *px = (int *)0x3000;
    int *py = (int *)0x3100;
    double w2,w1,w0;
    w2=w1=w0=0.0;
```

```
                InitC5402();    /* initialize C5402 DSP */
                fs = 181000;    /* IIR LP filter */
                nlpass = 0.022;
                nlstop = 0.222;
                biir2lpdes(fs,nlpass,nlstop,a,b);
                for (;;)
            {
                READAD7822( );
                for (n=0;n<=255;n++)
                {
                    px = (int*)(0x3000+n);
                    x_ad = *px;
                    x = x_ad;
                    w2=x-a[1]*w1-a[2]*w0;
                    y=b[0]*w2+b[1]*w1+b[2]*w0;
                    w0=w1;
                    w1=w2;
                    y_da = (int)y;
                    py = (int*)(0x3100+n);
                    *py = y_da;
                }

                k++;
            }
        }
```

/**********************************
** End of File —— ExpIIR.c
**********************************/

四、实验四程序说明

1. MATLAB 设计低通 FIR 数字滤波器样例

【例】 用窗函数设计一个线性相位 FIR 低通滤波器并满足性能指标：通带边界的归一化频率 $w_p=0.5$，阻带边界的归一化频率 $w_s=0.66$，阻带衰减不小于

30 dB,通带波纹不大于 3 dB。假设一个信号中,$f_1=5$ Hz,$f_2=20$ Hz,信号的采样频率为 50 Hz。试将原信号与通过滤波器的信号进行比较。

【程序】

```
wp=0.5*pi;ws=0.66*pi;      %滤波器边界频率
wdelta=ws-wp;              %过渡带宽
N=ceil(8*pi/wdelta)        %根据阻带衰减查表确定窗形状,由过渡
                            带宽确定所选汉宁窗函数主瓣宽求得
                            滤波器所用窗函数的最小长度
Nw=N。
wc=(wp+ws)/2;              %截止频率在通带和阻带边界频率的中点
n=0:N-1;
alpha=(N-1)/2;             %求滤波器的相位延迟
m=n-alpha+eps;             %eps 为 MATLAB 系统的精度
hd=sin(wc*m)./(pi*m);      %理想滤波器脉冲响应
win=hanning(Nw);           %采用汉宁窗
h=hd.*win;   %在时间域乘积对应于频率域的卷积%hn = fir1
              (Nw-1,wc,hanning (Nw))

b=h;
[h1,w]=freqz(win,1);       %窗函数的幅频和相频响应


figure(1);
subplot(2,1,1)
stem(win);
axis([0 60 0 1.2]);
grid;
xlabel('n');
title('Hanning 窗函数');
subplot(2,1,2)
plot(w/pi,20*log(abs(h1)/abs(h1(1))));
axis([0 1 -350 0]);
grid;
xlabel('w/\pi');
ylabel('幅度(dB)');
```

title('Hanning 窗函数的频谱');

figure(2)
[H,f]=freqz(b,1,512,50);   %采用50Hz 的采样频率绘出该滤波器的幅频和相频响应
subplot(2,1,1),plot(f,20*log10(abs(H)))
xlabel('频率/Hz');ylabel('振幅/dB');
title('滤波器的幅频');
grid on;
subplot(2,1,2),plot(f,180/pi*unwrap(angle(H)))
xlabel('频率/Hz');ylabel('相位/^o');
title('滤波器的相频');
grid on;

f1=3;f2=20;   %检测输入信号含有两种频率成分
dt=0.02;t=0:dt:3;   %采样间隔和检测信号的时间序列
x=sin(2*pi*f1*t)+cos(2*pi*f2*t);   %检测信号
%y=filter(b,1,x);   %可采用此函数给出滤波器的输出
y=fftfilt(b,x);   %给出滤波器的输出
figure(3)
subplot(2,1,1),plot(t,x),title('输入信号')   %绘输入信号
subplot(2,1,2),plot(t,y)   % 绘输出信号
hold on;plot([1 1]*(N-1)/2*dt,ylim,'r')   %绘出延迟到的时刻
xlabel('时间/s'),title('输出信号')

2. FIR 程序说明
(1) 程序参数说明

  Extern void InitC5402(void)

  Extern void READAD7822(void)

  void firdes (int m,double npass);

输入信号:输入信号经 A/D 转换后,写入地址为 3000H~30FFH 的存储器,十六位整型。

输出信号:FIR 低通滤波器输出,写入地址为 3100H~31FFH 的存储器,十六位整型。

(2) 程序流程图

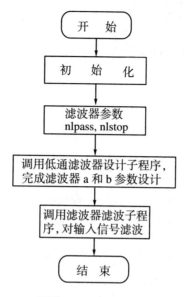

附图 4　FIR 程序说明

(3) 实验源程序

```
extern void InitC5402(void);
extern void READAD7822(void);
/ * * * * * * * * * * * * * * * * * * * * * * * * * * * *
 * * Main Function Program
 * * * * * * * * * * * * * * * * * * * * * * * * * * * * /
#include "stdio.h"
#include "math.h"
#define pi 3.1415927
double npass,h[51],x,y,xmid[51];
int m=50;
int n=256;
void firdes (int m,double npass);
main ( )
{
  int xm,ym;
  int * px = (int *)0x3000;
  int * py = (int *)0x3100;
```

```
double fs,fstop,r,rm;
int i,j,p,k;
k=0;
fs = 181000;
fstop = 10000;
npass = fstop/fs;
for (i=0;i<=m;i++)
{
    xmid[i]=0;
}
InitC5402( );    /* initialize C5402 DSP */
firdes(m,npass);
for(;;)
{
    READAD7822( );
    for(i=0;i<=n-1;i++)
    {
        px=(int *)(0x3000+i);
        xm=*px;
        x=xm;
        for (p=0;p<=m;p++)
        {
            xmid[m-p]=xmid[m-p-1];
        }
        xmid[0]=x;

        r=0;
        rm=0;
        for(j=0;j<=m;j++)
        {
            r=xmid[j]*h[j];
            rm=rm+r;
        }
        y=rm;
```

```
            py=(int*)(0x3100+i);
            ym=(int)y;
             *py=ym;
          }
          k++;
        }
    }
    void firdes(int m,double npass)
      {
        int t;
        for(t=0;t<=m;t++)
        {
            h[t]=sin((t-m/2.0)*npass*pi)/(pi*(t-m/2.0));
        }
        if (t=m/2) h[t]=npass;
      }
/************************************
** End of File —— ExpFIR.c
***********************************/
```

五、实验二 MATLAB 程序

```
n1=[0:1:31];
x1=10*sin(2*pi*n1/8)
n2=[0:1:31];
x2=5*sin(2*pi*n2/8)
subplot(3,1,1)
plot(n1,x1)
subplot(3,1,2)
plot(n2,x2)
subplot(3,1,3)
y=conv(x1,x2)
plot(y)
```

六、图 3.8 中各子程序的含义

(1) static void dataIO1( )

```
        {
            /* do data I/O */
            return;
        }
        static void dataIO2( )
        {
            /* do data I/O */
return;}
```
功能说明：读取正弦波数据；

(2) static int step1(int *output1,int *output2)
```
        {
            int m=sk-1;
            for(;m>0;m--)
            {
                *output2++ = *output1++ * ain;
            }
            return(TRUE);
        }
```

功能说明：让输入的 ouput1 buffer 波形进行截取 m 点，再以零点的 Y 轴为对称轴进行翻转，把生成的波形上各点的值存入以 output2 指针开始的一段地址空间中。

(3) static int step2(int *output2,int *output3)
```
        {
            int n=zhy;
            size=BUFSIZE;
            for(;(size-n)>0;n++)
            {
                *output3++=output2[n];
            }
            return(TRUE);
        }
```

功能说明：对输出的 output2 buffer 波形做 n 点移位，然后把生成的波形上的各点的值存入以 output3 指针开始的一段地址空间中。

(4) static int step3(int *input1,int *output2,int *output4)

```c
{
    int m=sk;
    int y=zhy;
    int z,x,w,i,f,g;
    for(;(m-y)>0;)
    {
        i=y;
        x=0;
        z=0;
        f=y;
        for(;i>=0;i--)
        {
            g=input1[z]*output2[f];
            x=x+g;
            z++;
            f--;
        }
        *output4++=x;
        y++;
    }
    m=sk;
    y=sk-1;
    w=m-zhy-1;
    for(;m>0;m--)
    {
        y--;
        i=y;
        z=sk-1;
        x=0;
        f=sk-y;
        for(;i>0;i--,z--,f++)
        {
            g=input1[z]*output2[f];
            x=x+g;
```

```
        }
        out4_buffer[w]=x;
        w++;
    }
    return(TRUE);
}
```

功能说明：对输入的 ouput2 buffer 波形和输入的 input1 buffer 做卷积和运算，然后把生成的波形上的各点的值存入以 output4 指针开始的一段地址空间中。

(5) static int step4(int * input2, int * output1)

```
{
    int m=sk;
    for(;m>=0;m--)
    {
        *output1++=*input2++ * ain;
    }
    for(;(size-m)>0;m++)
    {
        output1[m]=0;
    }
    return(TRUE);
}
```

功能说明：对输入的 input2 buffer 波形截取 m 点，然后把生成的波形上的各点的值存入以 output1 指针开始的一段地址空间中。

七、实验四 MATLAB 程序

```
k=16;
n1=[0:1:31];
xa1=sin(2*pi*n1/k);
subplot(2,1,1)
plot(n1,xa1)
xlabel('t/T');ylabel('x(n)');
xk1=fft(xa1);xk1=abs(xk1);
subplot(2,1,2)
stem(n1,xk1)
```

xlabel('k');ylabel('X(k)');

八、实验五 MATLAB 程序

```
Fs=1;
rp=3;
rs=30;
wpz=0.1;
wsz=0.3;
wp=2*tan(wpz*pi/2);
ws=2*tan(wsz*pi/2);
[N,wc]=buttord(wp,ws,rp,rs,'s');
[B,A]=butter(N,wc,'s');
[Bz,Az]=bilinear(B,A,Fs)
[s,g]=tf2sos(Bz,Az)
[C,B,A]=tf2par(Bz,Az)
n=1:1:1024;
x=5*sin(3.14*12/16*n)+10*sin(3.14*1/128*n);
y1=filter(Bz,Az,x);
subplot(2,2,1)
plot(n,x);
ylabel('x(n)')
xlabel('x(n)的时域波形')
subplot(2,2,2);
plot(n,y1);
ylabel('y(n)')
xlabel('直接型结构求解的 y(n)')
y2=filtfilt(s,g,x);
subplot(2,2,3)
plot(n,y2)
ylabel('y(n)')
xlabel('级联型结构求解的 y(n)')
y3=parfilt(C,B,A,x);
subplot(2,2,4)
plot(n,y3)
```

```matlab
ylabel('y(n)')
xlabel('并联型结构求解的 y(n)')
function [C,B,A]=tf2par(b,a);
%《数字信号处理教程——MATLAB 释义与实现》
%直接型到并联型的转换子程序
%电子工业出版社出版    陈怀琛编著 2004 年 9 月
% [C,B,A]=tf2par(b,a)
%C=当 length(b)>=length(a)时的多项式直通部分
%B=包含各 bk 的 K 乘 2 维实系数矩阵
%A=包含各 ak 的 K 乘 3 维实系数矩阵
%b=直接型的分子多项式系数
%a=直接型的分母多项式系数
M=length(b);N=length(a);
[r1,p1,C]=residuez(b,a);
p=cplxpair(p1,1e-9);
I=cplxcomp(p1,p);
r=r1(I);

K=floor(N/2);B=zeros(K,2);A=zeros(K,3);
if K*2==N;
    for i=1:2:N-2
        pi=p(i:i+1,:);
        ri=r(i:i+1,:);
        [Bi,Ai]=residuez(ri,pi,[  ]);
        B(fix((i+1)/2),:)=real(Bi);
        A(fix((i+1)/2),:)=real(Ai);
    end
    [Bi,Ai]=residuez(r(N-1),p(N-1),[  ]);
    B(K,:)=[real(Bi) 0];A(K,:)=[real(Ai) 0];
else
    for i=1:2:N-1
        pi=p(i:i+1,:);
        ri=r(i:i+1,:);
        [Bi,Ai]=residuez(ri,pi,[  ]);
```

```
            B(fix((i+1)/2),:)=real(Bi);
            A(fix((i+1)/2),:)=real(Ai);
        end
    end
```

九、实验六 MATLAB 程序

```
N=7;
res='low';
win=hamming(N);
fs=48000;
fc=500;
f=fc/(fs/2);
b=fir1(N-1,f,res,win)
[s,g]=tf2sos(b,1)
n=1:1:1024;
x=5*sin(3.14*12/16*n)+10*sin(3.14*1/256*n);
subplot(3,1,1);
y1=filter2(b,x);
plot(n,x);
ylabel('x(n)')
xlabel('x(n)的时域波形')
subplot(3,1,2);
plot(n,y1);
ylabel('y(n)')
xlabel('采用直接型结构求解的 y(n)的时域波形')
y2=filtfilt(s,g,x);
subplot(3,1,3);
plot(n,y2);
ylabel('y(n)')
xlabel('采用级联型结构求解的 y(n)的时域波形')
```

附录 B Extern void initial(void)源程序

Extern void initial(void)源程序如下：
```
    .global _InitC5402
    .global _OpenMcBSP
    .global _CloseMcBSP
    .global _READAD50
    .global _WRITEAD50
    .include MMRegs.h
_InitC5402:
    NOP
    LD    #0,DP;reset data-page pointer
    STM   #0,CLKMD;software setting of DSP clock
    STM   #0,CLKMD;(to divider mode before setting)
statu:
    LDM   CLKMD,A
    and   #01b,A;poll STATUS bit
    bc    statu,ANEQ
    nop
    STM   #0x97ff,CLKMD;set C5402 DSP clock to 100MHz
    rpt   #0ffh
    nop
    nop
    nop
******* Configure C5402 System Registers *******
    STM   7FFFH,SWWSR;2 wait cycle for IO space &
;0 wait cycle for data&prog spaces
    STM   #0x0000,BSCR;set wait states for bank switch:
;64k mem bank,extra 0 cycle between
;consecutive prog/data read
```

附录B
Extern void initial(void) 源程序

```
;    STM  #0x1800,ST0;ST0 at default setting
;    STM  #0x2900,ST1;ST1 at default setting(note:INTX=1)
;    STM  #0x00A0,PMST;MC mode & OVLY=1,vectors at 0080h
* * * * * * * Set up Timer Control Registers * * * * * * *
     STM  #0x0010,TCR;stop on - chip timer0
     STM  #0x0010,TCR1;stop on - chip timer1
;Timer0 is used as main loop timer
;    STM  #2499,PRD;timer0 rate=CPUCLK/1/(PRD+1)
;=40M/2500=16kHz
*    STM  #6249,PRD;if CPU at 100M/6250=16kHz
* * * * * * * Initialize McBSP1 Registers * * * * * * *
     STM SPCR1,McBSP1_SPSA;register subaddr of SPCR1
     STM #0000h,McBSP1_SPSD;McBSP1 recv = left - justify
;RINT generated by frame sync
     STM SPCR2,McBSP1_SPSA;register subaddr for SPCR2
;XINT generated by frame sync
     STM #0000h,McBSP1_SPSD;McBSP1 Tx = FREE(clock stops
;to run after SW breakpoint
     STM RCR1,McBSP1_SPSA;register subaddr of RCR1
     STM #0040h,McBSP1_SPSD;recv frame1 Dlength = 16 bits
     STM RCR2,McBSP1_SPSA;register subaddr of RCR2
     STM #0040h,McBSP1_SPSD;recv Phase = 1
;ret frame2 Dlength = 16bits
     STM XCR1,McBSP1_SPSA;register subaddr of XCR1
     STM #0040h,McBSP1_SPSD;set the same as recv
     STM XCR2,McBSP1_SPSA;register subaddr of XCR2
     STM #0040h,McBSP1_SPSD;set the same as recv
     STM PCR,McBSP1_SPSA;register subaddress of PCR
     STM #000eh,McBSP1_SPSD;clk and frame from external (slave)
;FS at pulse - mode(00)
* * * * * * * Finish DSP Initialization * * * * * * *
     STM #0x0000,IMR;disable peripheral interrupts
     STM #0xFFFF,IFR;clear the intrupts' flags
     RET;return to main
```

```
            NOP
            NOP
****** Waiting for McBSP0 RX Finished *******
IfRxRDY1:
            NOP
            STM SPCR1,McBSP1_SPSA;enable McBSP1 Rx
            LDM McBSP1_SPSD,A
            AND #0002h,A;mask RRDY bit
            BC IfRxRDY1,AEQ;keep checking
            NOP
            NOP
            RET;return
            NOP
            NOP
****** Waiting for McBSP0 TX Finished *******
IfTxRDY1:
            NOP
            STM SPCR2,McBSP1_SPSA;enable McBSP1 Tx
            LDM McBSP1_SPSD,A
            AND #0002h,A;mask TRDY bit
            BC IfTxRDY1,AEQ;keep checking
            NOP
            NOP
            RET;return
            NOP
            NOP
*******************************
*******************************
_OpenMcBSP:
        rsbx  xf
        call  wait
        NOP
        STM SPCR1,McBSP1_SPSA;enable McBSP0 RX for ADC data in
        LDM McBSP1_SPSD,A
```

附录B
Extern void initial(void) 源程序

```
        OR  #0x0001,A
        STLM A,McBSP1_SPSD
        STM SPCR2,McBSP1_SPSA;enable McBSP0 TX for DTMF out
        LDM McBSP1_SPSD,A
        OR  #0x0001,A
        STLM A,McBSP1_SPSD
        LD  #0h,DP;load data page 0
        rpt #23
        NOP
        ssbx xf
        NOP
        NOP
    ;   CALL IfTxRDY1
    ;   STM #0x0101,McBSP1_DXR1
    ;   CALL IfTxRDY1
    ;   STM #0x0208,McBSP1_DXR1
    ;   ;rsbxxf
    ;   ;NOP
    ;   ;NOP
        CALL IfTxRDY1
        STM #0x0001,McBSP1_DXR1;request secondary communication
        NOP
        CALL IfTxRDY1
        STM #0100h,McBSP1_DXR1;write 00h to register 1
        CALL IfTxRDY1
        STM #0000h,McBSP1_DXR1
        NOP
        NOP
        rpt #20h
        nop
        CALL IfTxRDY1
        STM #0x0001,McBSP1_DXR1;request secondary communication
        CALL IfTxRDY1
        STM #0200h,McBSP1_DXR1;write 00h to register 2
```

```
            CALL IfTxRDY1
            STM #0000h,McBSP1_DXR1
            CALL IfTxRDY1
            STM #0x0001,McBSP1_DXR1;request secondary communication
            CALL IfTxRDY1
            STM #0300h,McBSP1_DXR1;write 00h to register 3
            CALL IfTxRDY1
            STM #0000h,McBSP1_DXR1
            CALL IfTxRDY1
            STM #0x0001,McBSP1_DXR1;request secondary communication
            CALL IfTxRDY1
            STM #0490h,McBSP1_DXR1;write 00h to register 4
                                  ;bypass internal DPLL
                                  ;and select the Sample Frequency
            CALL IfTxRDY1
            STM #0000h,McBSP1_DXR1
          ; CALL IfTxRDY1
          ; STM #0x0001,McBSP1_DXR1
          ; CALL IfTxRDY1
          ; STM #0102h,McBSP1_DXR1;enable digital loopback

          ; CALL IfTxRDY1
          ; STM #0x0001,McBSP1_DXR1
          ; CALL IfTxRDY1
          ; STM #0208h,McBSP1_DXR1;enable analog loopback
            RET
            NOP
            NOP
        * * * * * * * * * * * * * * * * * * * *
        _CloseMcBSP:
            STM SPCR1,McBSP1_SPSA;disable McBSP0 RX
            LDM McBSP1_SPSD,A
            AND #0xFFFE,A
            STLM A,McBSP1_SPSD
```

Extern void initial(void) 源程序

```
    STM  SPCR2,McBSP1_SPSA;disable McBSP0 TX
    LDM  McBSP1_SPSD,A
    AND  #0xFFFE,A
    STLM A,McBSP1_SPSD
    RPT  #5
    RET
    NOP
    NOP
_READAD50:
    stm 0x007f,ar3
    stm 0x3000,ar2
    loopa:
    CALL IfRxRDY1
    ldm   McBSP1_DRR1,b
    stl   b,*ar2+
    banz  loopa,*ar3-
        nop
    nop
    ret
    nop
    nop
_WRITEAD50:
    stm 0x007f,ar3
    stm 0x3080,ar2
loopb:
    CALL IfTxRDY1
    ldu *ar2+,B
    and    #0fffeh,b;mask the LSB
    stlm   B,McBSP1_DXR1
    banz loopb,*ar3-
    nop
    nop
    ret
    nop
```

```
        nop
wait:
        stm 20h,ar3
loop1:
        stm 020h,ar4
loop2:
        banz loop2,*ar4-
        banz loop1,*ar3-
        ret
        nop
        nop
        nop
        nop
        .end
****************************************
** End of File —— InitC5402.asm
****************************************
```

附录C Extern void READAD7822(void)源程序

Extern void READAD7822(void)源程序如下：

```
;   .include MMRegs.h
    .global _READAD7822
    .text
    .mmregs
_READAD7822:
    nop
    andm    #0fffbh,pmst
    stm     3000h,ar1
    rpt     #100h
    st      00h,*ar1+
    nop
loop1:
    stm     3000h,ar1
    stm     100h,ar2
loop0:
    bc      loop0,nbio
    portr   800ch,*ar1
    andm    #00ffh,*ar1+
here1:
    bc      here1,bio
    banz    loop0,*ar2-
    ret
    nop
    nop
    .end
```

附录 D 常用图像处理函数术语

imread,imwrite:图像读写
iminfo:图像信息
imshow:图像显示
imhist:图像直方图
histeq:直方图均衡
fspecial:产生卷积滤波器
conv2:二维卷积滤波
mat2gray:将矩阵转换为图像
im2double:将图像转换为双精度类型
fspecial:产生滤波器
imfilter:图像滤波
filter2:二维滤波
mean:均值
median:中值
max:最大值
min:最小值
imnoise:添加噪声
medfilt2:二维中值滤波
TFORM:空间变换结构体
immakeform:建立空间变换结构体
imtransform:空间变换
imresize:改变图像大小
imrotate:图像旋转
imcrop:图像剪切
graythresh:计算阈值
im2bw:阈值分割
imerode:形态学腐蚀
imdilate:形态学膨胀
imopen:形态学开运算
imclose:形态学闭运算
bwlabel:连通成分分析